MORAL
a arte de viver

Conheça nossos clubes

Conheça nosso site

- @editoraquadrante
- @editoraquadrante
- @quadranteeditora
- Quadrante

Título original
Moral. El arte de vivir

Copyright © 2001 Ediciones Palavra, S.A., Madrid

Capa
Gabriela Haeitmann

Dados Internacionais de Catalogação na Publicação (CIP)

Lorda, Juan Luis
Moral: a arte de viver / Juan Luis Lorda – 2ª ed. – São Paulo:
Quadrante Editora, 2024.

ISBN: 978-85-7465-639-7

1. Conduta de vida 2. Ética 3. Ética cristã 4. Vida cristã I. Título

CDD–241

Índices para catálogo sistemático:
1. Moral cristã 241

Todos os direitos reservados a
QUADRANTE EDITORA
Rua Bernardo da Veiga, 47 - Tel.: 3873-2270
CEP 01252-020 - São Paulo - SP
www.quadrante.com.br / atendimento@quadrante.com.br

JUAN LUIS LORDA

MORAL
a arte de viver

2ª edição

Tradução
Roberto Vidal da Silva Martins

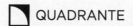

Sumário

PRÓLOGO DO AUTOR   7

Primeira parte
VERDADE   9

1. O QUE É E O QUE NÃO É A MORAL   11

2. A VOZ DA NATUREZA   35

3. A ORDEM DOS AMORES   53

4. A FRAQUEZA HUMANA   73

5. O HORIZONTE DA LIBERDADE   97

Segunda parte
RESPEITO   119

6. ADMINISTRADORES, NÃO DONOS   121

7. O PRÓXIMO COMO A TI MESMO   145

8. TRANSMITIR A VIDA   167

9. AS RAÍZES DO HOMEM   189

10. COM TODAS AS FORÇAS DA ALMA   205

Terceira parte
GRAÇA   225

11. O MISTÉRIO CRISTÃO   227

12. O CORPO DE CRISTO   247

13. O ESPÍRITO DE CRISTO   263

14. NOTA BIBLIOGRÁFICA   283

PRÓLOGO DO AUTOR

Cada livro tem a sua história e o leitor tem o direito de conhecer um pouco dela para saber o que tem entre mãos.

Este livro começou a ser escrito quando o professor Luís de Moya, que ministrava um curso de moral para universitários, sofreu um acidente que o impossibilitou de prossegui-lo*. Preparei como pude um curso breve, mas de certo modo completo, para tratar da moral cristã. Já fazia um bom tempo que tinha pensado em alguns enfoques e conteúdos; queria mostrar que essa moral se insere no sentir natural do homem e pode levá-lo à plenitude. Dei as aulas, respondi às perguntas e anotei as críticas e sugestões que os alunos me fizeram. Pensei então na oportunidade de escrevê-lo. Achei que o momento era bom, pois no mercado são oferecidas muitas éticas diferentes que tentam substituir a moral cristã com mais ou menos acerto.

Certa vez, li uma entrevista do diretor de cinema norte-americano George Lucas, em que dizia que procurava fazer os filmes de acordo com os que ele gostaria de ter visto. Ao escrever este livro, deixei-me levar por

---

* Luis de Moya, nascido em 1953, é sacerdote e trabalha como professor e capelão na Universidade de Navarra, Espanha. Em 1991, sofreu um acidente de automóvel que o deixou inteiramente paralisado das clavículas para baixo; embora viva desde então numa cadeira de rodas, retomou pouco a pouco boa parte das atividades pastorais e universitárias e publicou o livro *Uma vida sobre rodas*. "Ir pelo mundo com complexo de vítima — escreve —, despertando compaixão, parecia-me pouco nobre e um tanto falso, pois via com clareza que, tendo a cabeça sã, não havia razão para não a usar com proveito" (N. do E.).

MORAL: a arte de viver

esse critério tão razoável. Gosto de livros que sejam intensos, ordenados e legíveis, e penso que um livro de moral deve procurar mostrar a sensatez e a beleza da vida cristã e animar-nos a melhorar de conduta. É o que pretendi. Corrigi-o muito, porque considero que um livro é, no fundo, uma obra de arte; não é como um depósito que se vai enchendo de materiais, mas como a pintura de uma paisagem, que requer que se pense em cada traço antes de pintá-lo. Cada pincelada deve ir para o seu lugar, e são necessários muitos retoques até que se possa dar o quadro por acabado.

Com os limites que as suas curtas páginas e o seu enfoque simples impõem, este pequeno volume não se limita a repetir coisas sabidas. Se tem algum valor, é porque se faz eco de ideias que neste momento estão no ar entre os que têm a preocupação de oferecer uma moral positiva e responsável. A reflexão cristã sobre estes temas tem sido particularmente vigorosa e rica nestes últimos anos. Na nota bibliográfica final, indiquei a traços largos algumas fontes.

Esta é, pois, a história e a intenção do livro e a razão por que quis dedicá-lo com todo o afeto a Luis de Moya.

Primeira parte
VERDADE

Nos cinco capítulos desta parte, expõe-se o que é a moral (1) e como o sentido moral surge e se desenvolve espontaneamente, à medida que o homem amadurece; explica-se o que são os bens e deveres (2) que formam a base das decisões humanas; assim se entende o papel da consciência (3), que se encarrega de os avaliar e ordenar. Ao falar da fraqueza humana (4), analisa-se a distância, misteriosa e estranha, que se dá em todos os seres humanos entre o que são e o que deveriam ser, e apresentam-se os diferentes aspectos em que se manifesta essa distância; por fim, estuda-se o que é a liberdade (5) e qual é o âmbito dentro do qual existe e se realiza em plenitude.

Esta primeira parte intitula-se "verdade" porque todos os elementos que aqui se tocam servem para conhecer a verdade a fim de poder agir de acordo com ela; isto é, para "andar na verdade", como diria Santa Teresa, ou "viver na verdade", como diriam, por exemplo, Václav Ravel ou o Papa João Paulo II. Toda a vida moral consiste no empenho por viver de acordo com a verdade que corresponde ao homem e às coisas.

1. O QUE É E O QUE NÃO É A MORAL

O que não é a moral

O título pode surpreender, mas é importante explicar primeiro o que *não* é a moral para se poder explicar depois *o que é* a moral. Há tantos subentendidos e mal--entendidos neste campo que se torna impossível dar um passo se antes não se tira da frente o que estorva. Estamos habituados a falar continuamente de moral: em família, com os amigos, no bar, na imprensa, no Congresso... Todos temos interesse por ela, porque todos somos afetados por ela. Por isso é difícil e ao mesmo tempo fácil falar de moral. É fácil, porque todos temos alguma coisa a dizer, mas é difícil conseguir que os outros nos escutem e concordem conosco. Não há nenhum tema em que se discuta tanto: as opiniões se entrechocam e superpõem sem que pareça possível conciliá-las. Por isso, cresce a sensação de que a moral é o tema mais opinável de todos, o tema em que cada qual pode e deve ter a sua própria opinião, o tema em que não se pode impor nenhuma opinião. À primeira vista, o único acordo possível parece ser este: tudo é opinável e não existe nada seguro.

Nas ciências e nas técnicas, que lidam com coisas "objetivas", aí, sim, haveria conhecimentos seguros; por isso, haveria poucas opiniões nestas matérias: ou se conhecem ou não se conhecem as coisas. E aquele que as conhece — aquele que "sabe" — é quem diz como são. Na arte e na moral, parece ser diferente: não se trata de coisas, mas de gostos e preferências, de interesses e pontos de vista: tudo é subjetivo e, portanto, opinável.

Além disso, a moral parece mudar de acordo com as pessoas, as culturas e as épocas. Este aspecto aumenta a sensação de que é instável e provisória. Hoje, tem-se a impressão de que se vive uma época nova com relação à moral do passado. A moral tradicional nos países ocidentais, que tinha um pano de fundo cristão, parece superada. A imagem que restou dela é bastante negativa e estranha, embora um pouco vaga, porque não se sabe muito bem em que consistia realmente. Para muitas pessoas, a moral tradicional consiste num conjunto de normas ou mandamentos fixos e estritos, especialmente em matéria sexual, que as pessoas aprendiam na família e que os mantinham mais ou menos "reprimidos" durante toda a vida, preocupados em saber se acabariam no céu ou no inferno.

Para esta mentalidade, a moral cristã poderia ser comparada a um jogo de prêmios e castigos. A vida começa quando a bolinha metálica entra pela parte superior da máquina e percorre o seu trajeto tropeçando aqui e ali, ganhando e perdendo pontos. No fim, somam-se os pontos obtidos e, se se ultrapassou um certo limite, obtém-se o prêmio, e, se não, perde-se a partida. A mesma coisa aconteceria com a moral cristã: vão-se somando pecados e acertos e, no fim, se se conseguiu ultrapassar um certo limite, vai-se para o céu, e, se não, para o inferno.

1. O QUE É E O QUE NÃO É A MORAL

Tendo esta imagem como ponto de referência, parece evidente que nos nossos dias fizemos um grande progresso: as restrições excessivas foram superadas e difundiu-se na sociedade uma mentalidade muito mais aberta e livre. Progredir significou libertar-se dessas normas externas e caprichosas que pareciam ter sido inventadas e defendidas por pessoas de mentalidade estreita com o propósito de submeter todo o mundo. Como diz a piada, essa mentalidade seria a daquela senhora que afirmava que "tudo o que é bom ou engorda ou é pecado". Uma mentalidade com um pano de fundo mais ou menos masoquista que se alegrava de proibir tudo, especialmente o que tivesse a ver com o triunfo, o dinheiro e o prazer. Essa moral parece estar definitivamente superada. Caíram as proibições e as repressões e, aparentemente, não aconteceu nada: o mundo continua a girar tranquilamente.

Uma vez que se conseguiu superar esse monte de preceitos, o único princípio moral que resta, ao menos para a maioria, é a boa intenção. A expressão máxima de que uma pessoa é boa e de que age bem é que tenha boa intenção. Se existe boa intenção, basta. Portanto, cada qual pode fazer e pensar o que quiser, sempre que deixe o seu vizinho agir da mesma forma.

Além disso, o que cada um queira fazer com a sua vida é um tema privado; pertence à esfera da sua intimidade e ninguém tem o direito de entrar ali sem permissão. Ninguém pode erigir-se em juiz da moral do vizinho. Cada um é livre de pensar o que quiser, sempre que não incomode ninguém ou, pelo menos, não incomode mais do que é incomodado. Ninguém terá o direito de estabelecer outras restrições que não as que nascem dos conflitos de direitos. E para isso está o Estado, que se

MORAL: a arte de viver

encarrega de garantir o equilíbrio entre os direitos dos particulares, quando entram em conflito. Para que seja possível conviver, é suficiente regulamentar um mínimo e encontrar o ponto justo. Para todo o resto, é suficiente a boa intenção.

É verdade que existem coisas que, à primeira vista, parecem ser más para todos, independentemente do que pensem ou da sua boa ou má intenção. Por exemplo, a maioria achará que é mau matar uma criança, bater sem motivo num idoso, fazer um animal sofrer ou contaminar um rio. Seria complicado, no entanto, justificá-lo; isto é, argumentar por que é mau. Provavelmente, só chegaríamos a um acordo sobre o que *parece* mau; ou, se preferirmos um raciocínio utilitarista, poderíamos dizer que é mau porque, se se difundisse essa maneira de comportar-se, a convivência se tornaria insuportável. Neste sentido, *parece* mau que uma pessoa possa maltratar outra simplesmente por capricho ou contaminar um rio porque tem vontade. Certamente, a vida social seria difícil se qualquer um pudesse bater em nós na rua simplesmente por lhe apetecer e achar correto; assim não poderíamos viver. Por isso, a legislação de qualquer país penaliza quem bate em outro cidadão sem motivo.

O princípio pode ser justificado por razões práticas neste caso, mas em outros não. Seria difícil argumentar por que é mau alguém maltratar um animal, por exemplo o seu próprio cachorro, se "tem vontade" e não incomoda ninguém. Pode-se dizer que isso parece mau e talvez argumentar que é melhor que ninguém se acostume a maltratar animais porque se pode acabar maltratando pessoas. Mas este argumento não parece muito sólido.

Além disso, está aberto a uma casuística interminável: "E se só o maltrato um pouco?"...

Numa palavra, por este caminho, o máximo que poderíamos dizer é que a moral consiste num conjunto mínimo de normas combinadas para tornar possível a convivência humana: os dois últimos séculos de pesquisas éticas não parecem ir mais longe, embora o digam de um modo mais bonito, extenso e complexo.

O que é a moral

Na realidade, a moral não tem nada a ver com tudo isso, ou, para sermos mais precisos, tem muito pouco a ver. Tem pouco a ver com as opiniões, com os sistemas de normas, com as boas intenções e com os equilíbrios da convivência. Também não é o contrário; simplesmente *não é isso*. Mas não vamos entreter-nos agora em analisar por que não é isso: levar-nos-ia muito longe e serviria de muito pouco. Basta avisar o leitor de que aqui não tratamos disso. Assim já está preparado para o que virá e não ficará tão surpreendido com o fato de que, com as mesmas palavras, estejamos falando de algo diferente.

Se tivéssemos que dar uma definição simples do que é a moral, do que esta palavra significava quando foi inventada, poderíamos dizer que a moral é a *arte de viver*. E só.

Vale a pena explicar um pouco os termos desta breve definição. A moral é uma arte, como a pintura é uma arte, como o é a escrita, a capacidade de vender, de tocar piano ou de entalhar uma peça de madeira. Por arte, entende-se o conjunto de conhecimentos teóricos e técnicos, as experiências e as habilidades

MORAL : a arte de viver

que são necessárias para desempenhar com mestria uma atividade.

Conhecimentos teóricos e conhecimentos técnicos, experiências e habilidades: todos estes elementos são necessários em qualquer arte. Para tocar piano, por exemplo, são necessários conhecimentos teóricos de música; algumas técnicas que ensinam como mover os dedos etc.; a experiência própria sobre quando, como e de que modo se toca melhor; a destreza ou habilidade física que se adquiriu à força de exercícios...

Para se chegar a ser um mestre — para ter mestria —, é preciso dominar todos os elementos teóricos e práticos da arte: de nada serve, por exemplo, saber como se toca piano, se nunca se pôs as mãos num teclado; também não basta saber pôr as mãos e ter agilidade nos dedos, se não se é capaz de ler as partituras.

Neste sentido, a moral é uma arte; mas não a arte de tocar piano ou de pintar a óleo, e sim *a arte de viver bem*. E que quer dizer aqui viver bem? A resposta é simples: viver bem quer dizer viver como é próprio de um homem, como um homem deve viver. Assim, do mesmo modo que a pintura é a arte de pintar, *a moral é a arte de viver como um ser humano*.

O tema pode parecer chocante: estamos dizendo que é necessária uma arte para viver como homem do mesmo modo que é necessária uma arte para pintar. À primeira vista, parece que não é preciso nada de especial para viver como um homem: basta ser homem e continuar a viver como sempre; basta deixar-se levar espontaneamente. E está certo: para viver, basta deixar-se levar. Mas, para viver bem ou para *viver como convém a um ser humano*, não basta. Para os animais basta, para os homens não.

1. O QUE É E O QUE NÃO É A MORAL

Como é óbvio, os animais vivem espontaneamente. E não é preciso que ninguém os ensine a viver; simplesmente vivem. Talvez aprendam dos seus progenitores algumas estratégias para conseguir comida ou para defender-se, mas pouco mais. Vivem de acordo com os seus instintos e vivem bem. Não precisam de preparação; não precisam de nenhuma arte; basta que se deixem levar.

Mas o homem é um ser especial, é um ser livre. Livre quer dizer, entre outras coisas, que está muito menos condicionado pelos seus instintos; mas, por isso mesmo, precisa aprender muitas coisas que os animais conhecem por instinto, e outras muitas que os animais nunca conhecerão e que são próprias do homem. *Precisa ser educado para viver como homem.* Se não é educado assim, vive como um animal mal-preparado, e isso na melhor das hipóteses, porque o normal é que, sem educação, não possa sobreviver. A criança nasce tão desprotegida que não pode fazer quase nada por si mesma. O recém-nascido não é capaz sequer de buscar o alimento de que precisa: está cego, não coordena os seus movimentos, não sabe andar... Nos primeiros meses, é preciso fazer tudo por ele; mais tarde, é preciso ensinar-lhe tudo.

Além disso, tem de aprender o que é próprio do homem: falar e escrever, relacionar-se com os outros e comportar-se em público, e mil coisas mais. Se não for educado, não desenvolve as suas capacidades. Se não houver um ambiente em que se converse, não aprende a falar; se não for ensinado a andar de pé, anda de quatro; se não viver num meio culturalmente estimulante, não desenvolve nenhuma capacidade cultural: nem gosto artístico, nem sensibilidade musical, nem sequer refinamento gastronômico. Tudo lhe deve ser transmitido e só

MORAL: a arte de viver

um ambiente humano suficientemente rico e estimulante pode fazê-lo. As capacidades do homem vêm-lhe com a sua natureza, mas o desenvolvimento dessas capacidades só aparece com a educação.

Entre as capacidades humanas, a mais importante e a mais característica do homem é a liberdade, e por isso é preciso educá-la com maior atenção. Educar um homem não é só ensiná-lo a caminhar, comer, falar; nem sequer instruí-lo e transmitir-lhe conhecimentos das ciências e das artes. Educar um homem é, sobretudo, ensiná-lo a usar bem da liberdade, a usar da sua liberdade como é próprio de um homem.

A criança não sabe por instinto como deve usar da sua liberdade. Tem certa inclinação natural para usá-la bem, como a tem igualmente para falar e caminhar, mas precisa de educação. Tem que aprender pouco a pouco o que um homem deve fazer e o que deve evitar: o que é conveniente para um homem e o que é inadequado.

E agora podemos entender melhor o que é a moral, o que significava esta palavra quando começou a ser usada. Acabamos de dizer que a liberdade é a principal característica do ser humano. Pois bem, a moral, que é a arte de viver como homem, pode ser definida também como *a arte de usar bem da liberdade*. Uma arte que cada homem precisa aprender para viver dignamente.

É uma arte porque, como toda a arte, carece de conhecimentos teóricos e práticos: conhecimentos que é preciso receber de outros, e hábitos que só podem ser adquiridos pelo exercício pessoal. É muito parecida — embora mais complicada e importante — que a arte de tocar piano:

1. O QUE É E O QUE NÃO É A MORAL

são necessários conhecimentos e habilidades, teoria e prática, princípios e hábitos.

Em primeiro lugar, são necessários *conhecimentos*: temos que aprender de outros seres humanos como é que um homem se deve comportar. E também são necessários *hábitos*, porque não basta o conhecimento teórico: é necessário ter o costume de comportar--se de acordo com esses conhecimentos. De acordo com o velho ditado, o homem é um animal de hábitos: não é só cabeça, não é só um ser que pensa. Por isso, não basta pensar as coisas e querer fazê-las para fazê-las realmente: é necessário que se seja capaz de fazê-las. É muito importante deter-se a considerar este aspecto.

Se fôssemos apenas cabeça, bastaria pensar uma coisa e tomar uma decisão para fazê-la. Mas a experiência diária mostra que não somos assim. Existem muitas coisas que gostaríamos de fazer e decidimos fazer, mas não fazemos. Alguma coisa se interpõe entre a decisão da nossa mente e a execução. Para levarmos uma decisão à prática, precisamos daquilo que ordinariamente se chama *força de vontade*: uma espécie de ponte ou de correia de transmissão que executa o que decidimos. Quando essa força de vontade falha, decidimos, mas não fazemos.

A experiência mostra também que essa força de vontade varia de homem para homem e tem muito a ver com os costumes ou hábitos de cada pessoa. Podemos ilustrar este aspecto com um exemplo. Para nos levantarmos pontualmente ao ouvir o toque do despertador, não basta termos decidido levantar-nos, é necessário termos o costume de levantar-nos. Ordinariamente, o mero querer não é suficiente.

MORAL: a arte de viver

Quem começa a trabalhar imediatamente é porque tem esse bom costume que lhe facilita o trabalho. Já quem se acostuma a demorar porque não gosta de começar, tem esse mau costume que lhe dificulta o trabalho. O primeiro tem em bom estado a transmissão entre o que decide com a sua cabeça e o que realiza: consegue trabalhar quando decide trabalhar. O segundo falha na transmissão: regra geral, não consegue pôr-se a trabalhar imediatamente, embora tente fazê-lo. Ao cabo dos anos, a diferença entre ter ou não esse bom costume é enorme: representa milhares e milhares de horas de trabalho — a eficácia de uma vida.

Os costumes fazem ou desfazem um homem. Reforçam a liberdade ou a reduzem. Quem tem o costume de levantar-se pontualmente pode fazê-lo sempre que queira: levantar-se-á na hora que decidir. Quem não tem esse costume não tem essa liberdade: mesmo que decida levantar-se numa hora determinada, nunca estará seguro de que poderá fazê-lo.

Por isso, a formação moral consiste em adquirir não somente os conhecimentos necessários, mas também os costumes ou hábitos que permitem ao homem viver bem, dignamente, como um homem, assegurando-lhe a coerência entre o que quer e o que pode fazer. A palavra *moral* vem do latim, da palavra *mos-moris,* que significa precisamente *costume.* No seu significado antigo e sempre válido, *a moral é a arte dos bons costumes;* isto é, dos costumes que são bons para o homem, dos costumes que lhe fazem bem, dos costumes que lhe dão maturidade e perfeição.

Se recapitularmos as *três definições de moral* que demos até agora, veremos que são coerentes. Em primeiro lugar, definimos a moral como a arte de viver bem, de viver como deve viver um ser humano. Depois vimos que o que caracteriza o ser humano é a liberdade. Por isso, a moral pode ser definida também como a arte de educar a liberdade. E finalmente vimos que a educação da liberdade reside sobretudo em adquirir bons costumes. Por isso, pode-se afirmar que a moral reside em conhecer, praticar e adquirir os bons costumes, os que permitem ao homem viver como corresponde ao ser humano.

A moral como arte

A moral é certamente uma arte. O que acontece neste terreno não é diferente do que acontece em outros. Se não existe base teórica, não é possível orientar bem a prática; mas se não há prática, também não é possível fazer as coisas bem. Ninguém é capaz de tocar bem o piano somente com o desejo intenso de tocá-lo, nem se chega a pintar um bom retrato só por se terem lido muitas biografias de Velázquez. Adquirir uma arte requer muito exercício prático. Um bom pianista precisa de muitas horas diárias de exercícios, e esses exercícios têm que estar bem-feitos, não basta fazê-los de qualquer maneira.

Não há nada de mau se um principiante coloca mal os dedos de vez em quando sobre o teclado; o importante é que melhore em relação à situação anterior, que cada vez vá ganhando maior destreza. Mas seria perigoso que se acostumasse a errar: adquiriria vícios que depois lhe custaria muito superar ou que talvez nunca viesse a superar, condenando-se a ser um pianista medíocre. Um mestre não pode cometer nem sequer pequenos erros:

MORAL: a arte de viver

cada erro é um passo atrás. Um mestre coloca em jogo a sua arte cada vez que põe as mãos sobre o teclado. Em cada atuação, melhora ou piora.

Trata-se de uma lei comum a todas as atividades humanas. *Cada ato consciente do ser humano deixa nele uma marca mais ou menos forte segundo a intensidade do ato e a sua repetição.* Se é um erro, deixa uma marca que pode converter-se, por repetição, num mau costume. Se é um acerto, pode chegar a ser um bom hábito, pela repetição. Os hábitos são criados ou destruídos de cada vez que uma pessoa atua adequadamente ou não; portanto, o homem está continuamente a caminho de fazer-se ou desfazer-se. E isto em todos os terrenos: a mesma lei que vigora no campo do esporte, das habilidades físicas ou das artes é a que vigora, sem dúvida alguma, no campo da moral. A moral — os bons costumes — está em jogo em cada decisão da liberdade. O acúmulo de decisões felizes ou infelizes e a intensidade das decisões vai deixando um rastro de hábitos que tornam o homem cada vez mais ou cada vez menos maduro e livre.

O agir humano está também muito condicionado por realidades prévias, que são o próprio homem e o âmbito das pessoas e coisas em que desenvolve a sua atividade. Não podemos esquecer uma verdade tão elementar como a de que o homem está condicionado — fortemente condicionado — pela sua natureza. Não nos fizemos a nós mesmos: quando viemos ao mundo, encontramos *dado* quase tudo o que somos. Muito antes de termos podido usar da nossa liberdade, já estávamos feitos e amplamente condicionados pelo nosso modo de ser. Só em certa medida podemos modificar-nos: existe sem dúvida um

1. O QUE É E O QUE NÃO É A MORAL

espaço para a nossa criatividade, que é fruto das nossas decisões livres, mas esse espaço é limitado.

A maior parte do nosso ser foi-nos dada e tem as suas leis. Não podemos decidir como será a nossa digestão, nem em que sentido tem que circular o nosso sangue. Todo o nosso ser físico funciona de acordo com leis que não inventamos e que mal podemos modificar: só podemos descobri-las. E o que acontece no âmbito físico guarda um paralelo com o que acontece no âmbito espiritual, que é o âmbito do uso da liberdade.

Quase toda a nossa vida moral consiste em desenvolver livremente algumas capacidades que encontramos em nós desde que viemos ao mundo. Estas capacidades têm as suas próprias leis, embora às vezes não as conheçamos. A nossa inteligência, por exemplo, tem um modo próprio de intuir e de raciocinar que nós não inventamos; a nossa vontade também tem as suas leis, e a mesma coisa acontece com as outras capacidades. Não está em nossas mãos "inventar" como funcionam: não podemos inventar como é a liberdade, o amor, a amizade e a felicidade. Podemos, às vezes, escolhê-los livremente, mas não inventá-los. Podemos querer ter bons amigos, mas não podemos decidir em que consiste a amizade. Podemos desejar ser felizes e tentá-lo de diversas maneiras, mas não podemos inventar a felicidade: só seremos felizes se conseguirmos viver de acordo com as leis próprias da felicidade humana. Por isso, a moral não depende do gosto de cada um. Não é algo que cada um possa criar conforme lhe apeteça.

Como também não é uma questão de opinião. Pode acontecer que, em algum caso, não saibamos com segurança qual é a conduta apropriada, e então há espaço

MORAL: a arte de viver

para a opinião. Neste sentido, a moral é tão opinável como a medicina. Os médicos também expressam opiniões quando não sabem, quando não estão certos; mas são conscientes de que as suas opiniões não mudam a realidade. Não é opinável, por exemplo, o modo de fazer a digestão, nem quais são os alimentos que nos convêm. Só opinamos sobre estes temas quando não os conhecemos. Numa conversa entre amigos podemos opinar, por exemplo, que um alimento é venenoso ou não. Mas a nossa opinião não modifica o alimento: se era venenoso, continua a sê-lo apesar da nossa opinião, e, se não o era, continua a não sê-lo. As nossas opiniões não modificam nem o alimento nem o nosso metabolismo.

A moral é opinável precisamente quando e na medida em que não sabemos claramente o que é conveniente. Opinamos quando não estamos certos, não porque todas as opiniões sejam igualmente válidas, mas porque, em algumas ocasiões, nos falta luz para discernir o que é mais acertado.

O saber moral é difícil e delicado. Por isso, é preciso desenvolver um esforço especial para alcançá-lo, mas vale a pena, porque é um saber de extremo valor para o homem: muito mais importante que tocar piano ou pintar a óleo. Embora seja um saber difícil, *existem modos de nos orientamos sobre o que é bom ou mau.* Vejamo-los brevemente.

A natureza reage bem ao que lhe convém e reage mal ao que não lhe convém. É lógico, e aqui está um critério que pode servir para identificar o que é bom e o que é mau. Isto acontece em todos os campos, embora não da mesma maneira. Quem come um alimento que não lhe convém não demora a notá-lo, e nós mesmos

1. O QUE É E O QUE NÃO É A MORAL

podemos percebê-lo externamente: vemos que está com má cara, com cólicas, ou até que se revolve pelo chão. Os erros ou os acertos no plano físico são percebidos fisicamente. O campo da moral é um pouco diferente. Os erros e os acertos no uso da liberdade não podem ser sentidos fisicamente; mas percebem-se de algum modo. Dizemos que uma pessoa *se sente bem* quando age bem e que *se sente mal* quando age mal. Não é um critério muito preciso, porque a atividade humana é muito complexa, mas serve de indício. Agir bem deixa sempre um "sabor" de felicidade, ao passo que agir mal deixa uma sequela de insatisfação e desgosto.

Existe outro critério externo muito importante. *As ações boas são percebidas como belas e desejáveis.* E quando são muito boas, suscitam admiração e o desejo de imitá--las. Dão prazer a quem as contempla, mais ou menos como dá prazer contemplar uma bela paisagem. Todos percebem, por exemplo, a beleza do gesto de quem arrisca a sua vida para salvar a de outro, e qualquer pessoa normal gostaria de ser assim, embora talvez não se sinta com forças para isso. Quando se contempla uma ação muito boa — heroica —, surge um impulso interior de aprovação, intui-se que o protagonista realizou algo digno de um homem, e sente-se a satisfação de ver que o ser humano é capaz de tanta nobreza.

As ações más, pelo contrário, são percebidas como ignóbeis, inconvenientes e *feias.* Suscitam uma rejeição espontânea. Não é preciso nenhum raciocínio para ver que é mau fazer sofrer um animal ou, com maior razão, um ser humano. Brota uma repugnância instintiva: essa ação é percebida como algo feio, que desagrada

MORAL: a arte de viver

à vista, que seria preferível não se ter visto, que seria melhor não se ter praticado. Há uma *estridência estética* na ação má: alguma coisa grita, embora a sua voz não seja ouvida fisicamente. É a sensação de fealdade. Efetivamente, costuma-se advertir as crianças de que alguma coisa está errada dizendo-lhes que é *feia*. Educam-se moralmente as crianças fazendo-as sentir repugnância pelas ações más.

É claro que se pode perder o bom gosto. A experiência ensina que existem pessoas que chegam a achar bonito, ou pelo menos desejável, o que no sentir natural de todos parece feio e odioso. Há quem se divirta fazendo sofrer um coelho e quem se divirta torturando um homem. Isto não quer dizer que essa ação seja moralmente opinável e que a ação do sádico tenha o mesmo valor que a de todos os outros; quer dizer apenas que o bom gosto e o sentido moral natural podem deformar-se. Ninguém duvidaria em qualificar como degenerado um homem que se alegrasse em fazer sofrer os outros. E o argumento mais forte não seria o utilitarista ("tal costume pode incomodar a sociedade"), mas a fealdade da ação, que se percebe espontaneamente: o sentir natural do que é ou não conveniente ao homem.

A estética das ações humanas é muito importante na educação moral. De certo modo, poderíamos dizer que a moral não é outra coisa que *a estética do espírito*: o *bom gosto no que se refere ao comportamento humano*. Para Aristóteles, educar um homem era ensiná-lo a ter bom gosto para agir: a amar o belo e odiar o feio. Tratava-se de orientar e reforçar as reações naturais perante as ações nobres e ignóbeis. Os gregos pensavam que o mecanismo fundamental do ensinamento moral era a beleza. Por isso,

1. O QUE É E O QUE NÃO É A MORAL

queriam que os seus filhos admirassem e decidissem imitar os gestos heroicos da sua tradição pátria que a literatura e a história lhes transmitiam. Com efeito, pensavam que a finalidade tanto da literatura como da história devia ser esta: educar moralmente os mais jovens.

É evidente que isto pressupõe uma ideia muito elevada do que é o homem. Pressupõe também que se acredite na existência de um modo de viver digno do homem e que se considere que educar consiste em ajudar a criança para que ame esse modo de viver e adquira os costumes que lhe permitam comportar-se assim.

Às vezes, a nossa civilização duvida disto. Não tem a certeza de que exista um modo de viver moral, digno do homem. E, por isso, não sabe educar: sabe instruir, isto é, informar a criança sobre muitas questões; sabe informá-la sobre as órbitas dos planetas, o metabolismo da clorofila ou a Revolução Francesa. Mas não sabe dizer-lhe o que deve fazer com a sua vida.

No entanto, a linguagem da beleza que os gregos descobriram continua em vigor, porque o homem não deixou de ser homem. Continua a ser verdade que existem ações belas e nobres e ações feias e ignóbeis. As primeiras confirmam-nos que existe a dignidade humana e as segundas também, porque, se podemos dizer que uma coisa é ignóbil e indigna de um homem, é precisamente porque temos alguma ideia daquilo que é nobre e digno.

E isto leva-nos a uma conclusão: se existe um modo de viver digno do homem, vale a pena fazer todo o possível para encontrá-lo. Seria uma pena deixar transcorrer a vida sem ter percebido o mais importante, embora não seja fácil.

A moral cristã

Como saber o que é digno do homem? Como aprender a viver como um homem deve viver? O primeiro passo é, evidentemente, ter afeição pelas ações belas: admirar e imitar o que é bonito, desejar uma vida cheia de beleza. O amor à beleza, à dignidade da vida humana, desperta o sentido moral.

Mas é limitado. O sentido natural do que é bom ou mau — a "estética moral" — dá orientações muito claras para as situações extremas, mas não cobre todo o campo do comportamento humano. Se a situação é complicada ou nela intervêm muitos fatores, pode suscitar dúvidas. Não é de estranhar; a mesma coisa acontece em outros âmbitos da experiência humana. Alguns alimentos atraem instintivamente pelo seu aspecto e odor, ao passo que outros causam repugnância. Mas, em muitos casos, nem o aspecto nem o odor nos sugerem nada, e em outros nos enganam (basta pensar no odor nauseabundo da couve-flor, que é, no entanto, um alimento excelente).

Se sabemos o que é comestível e o que é nocivo, devemo-lo à *experiência* que nos transmitiram os que viveram antes de nós, armazenada pela *cultura*. Por ela recebemos muita ciência e muitos conhecimentos que por nós mesmos não teríamos adquirido. Seria terrível que cada ser humano tivesse que descobrir tudo por si mesmo; em matéria alimentícia, só poderíamos errar uma vez, porque o primeiro cogumelo venenoso que comêssemos nos levaria para o túmulo. Felizmente, podemos servir-nos da experiência sobre os cogumelos comestíveis que foi acumulada e transmitida pela nossa cultura.

No terreno moral, há também uma rica experiência transmitida. *Aqueles que nos precederam acumularam um conjunto de conhecimentos sobre o que convém e o que não convém ao homem,* se bem que com maiores dificuldades do que no caso dos cogumelos, porque se trata de um terreno mais sutil. A oferta de experiências morais é menos clara que a das experiências culinárias, porque é menos tangível. Os efeitos das más ações sobre o homem não são tão aparatosos e rápidos como o dos cogumelos venenosos. O campo da liberdade humana é muitíssimo mais rico e complexo que o da alimentação. Por isso, o conhecimento moral é mais difícil que o dietético.

Não nos pode estranhar que, às vezes, se levantem dúvidas, ou que as experiências transmitidas por culturas diferentes sejam também distintas. É necessário um certo método para *ler* a experiência moral transmitida por cada cultura. Há que penetrar profundamente numa cultura para compreender inteiramente o significado de uma prática moral. Erraria quem trabalhasse simplesmente na superfície, limitando-se a comparar externamente os usos morais de uma e outra cultura. É preciso ler cada uso no seu contexto: cada um tem a sua lógica, que só se pode apreciar se se conhece muito bem o conjunto dessa cultura. Por isso, a ideia de compor uma moral comum ou de obter uma espécie de denominador comum de todas as morais é artificial e impossível de realizar na prática.

O dado relevante que emerge das diferentes experiências morais da humanidade é que existe uma *preocupação moral comum.* E que todos os povos entenderam que a parte mais importante da educação consiste em transmiti-la, isto é, em ensinar os mais jovens a viver dignamente.

MORAL: a arte de viver

Não é segredo que a nossa cultura se encontra numa situação de certa perplexidade: não sabe o que deve transmitir aos mais jovens. A nossa cultura parece insegura à hora de ensinar em que consiste ser homem, ao passo que pode informar amplamente sobre a estrutura íntima da matéria. Perdeu em parte o seu patrimônio.

Talvez seja esta a razão pela qual vêm pululando "sistemas éticos" distintos que chegam aos retalhos, como peças soltas que não se encaixam porque lhes faltam muitas partes importantes. Ante a variedade da oferta, não se sabe o que escolher. A nossa cultura encontra-se na situação daquele que vai a um supermercado em que há demasiadas coisas: se houvesse apenas três marcas de um produto, a decisão seria fácil, mas alinham-se dúzias numa prateleira... Como acontece no supermercado, mas em maior medida, não se pode escolher entre os sistemas de moral olhando só a embalagem e o preço.

Para escolher entre os diversos sistemas de moral, seria necessário ter experiência de cada um deles e verificar até que ponto são capazes de tornar digna a vida do homem. Mas isto é impossível, porque cada prova requer uma vida inteira. Ninguém pode negar o interesse que haveria em conhecer, por exemplo, a moral dos antigos zulus; mas seria necessário um processo de aclimatação que exigiria meia vida para penetrar realmente no sentido dos costumes desse povo. E traria ainda o inconveniente de que mal nos deixaria tempo para conhecer a fundo outra moral, como, por exemplo, a dos bantos. Por outro lado, provavelmente seria difícil dedicar-se a penetrar realmente no mundo da moral zulu ou na dos bantos e continuar a viver na cultura ocidental.

1. O QUE É E O QUE NÃO É A MORAL

Também não é possível fazer uma espécie de resumo de todas as morais: cada uma tem o seu gênio próprio e resiste a misturar-se com as outras.

Ao oferecermos aqui a *moral cristã,* oferecemos uma moral que já se experimentou. É a moral com a qual o Ocidente surgiu e da qual ainda vive; e é a moral mais universal de todas, porque chegou a todos os lugares do mundo: pessoas de todas as culturas a viveram e vivem. É por isso, sem dúvida alguma, a moral mais importante que já existiu. É claro que isto não basta para demonstrar que seja a verdadeira moral, mas é um bom argumento para convidar a conhecê-la a fundo (nenhuma moral histórica teve um impacto cultural tão imenso e tão profundo).

A validade de uma moral não pode ser demonstrada como se demonstra uma conclusão matemática. A certeza de que uma moral é verdadeira procede de que se ajusta bem ao homem; emana da sua beleza e dos seus frutos tanto pessoais como sociais. Ora, isto é algo que se pode comprovar no caso da moral cristã.

Mas é preciso fazer uma advertência: a moral cristã é uma moral peculiar: *é uma moral revelada.* Quer dizer: não se apresenta a si mesma como fruto da experiência humana acumulada, mas como fruto dos ensinamentos de Deus ao homem. Nós, os cristãos, cremos que Deus — o criador de tudo — quis descobrir ao homem o modo de viver que lhe convém.

Pode-se dizer que esta moral é como o manual de instruções que acompanha os produtos que compramos. O fabricante, que conhece perfeitamente como foi feito o produto que vende, orienta sobre o modo mais conveniente de usá-lo. E isso é muito de agradecer, porque

MORAL: a arte de viver

assim tratamos bem todos os produtos, duram mais e têm melhor desempenho. É claro que se pode utilizar um aparelho sem ter o incômodo de folhear o manual de instruções. Nós, os latinos, somos pouco dados às instruções: só vamos lê-las depois que estragamos o aparelho. Mas este comportamento não é muito sensato. Se temos as instruções à mão, não vale a pena esforçarmo--nos por lê-las?

A moral cristã apresenta-se a si mesma como o manual de instruções do fabricante. Estas instruções completam e aperfeiçoam o conhecimento que podemos adquirir com a experiência, estudando diretamente o produto que, neste caso, é o homem. Por isso, a moral cristã acolhe o conteúdo último de todas as morais históricas e está unida a elas no conhecimento das profundidades do espírito humano.

A objeção mais grave que se costuma fazer à moral cristã é que procede de outra época. É o que C.S. Lewis chamava o "preconceito cronológico": o preconceito de que tudo o que não é "moderno", pelo fato de ser mais antigo, está superado. Mas é como se se considerassem superados os pores do sol só porque faz vários bilhões de anos que se produzem.

Não é bom enganar-se num tema tão delicado, nem deixar-se levar pelo esnobismo. No supermercado dos sistemas de moral existem muitas ofertas de moral e muitos sucedâneos, mas não existe uma alternativa real. A vistosidade das embalagens pode despistar, mas um pouco de experiência o confirma: nenhum produto tem tanta qualidade, nenhum, oferece tanto com tantas garantias. É fácil mostrar que a moral cristã é a mais completa que já existiu. Iluminou a vida de milhões

1. O QUE É E O QUE NÃO É A MORAL

de pessoas e deu esplêndidos frutos de humanidade, heroísmo, autenticidade e beleza. Passar ao largo sem experimentá-la seria uma loucura.

2. A VOZ DA NATUREZA

Um ser descentrado

No capítulo anterior, desenvolvemos a ideia de que a moral é simplesmente a arte de viver como homem. E vimos a importância que tem a liberdade. O que caracteriza o homem é que é um ser livre. É a diferença mais clara que tem em relação aos animais. Não se distingue dos animais por nada de importante do seu corpo: nem pelos dentes, nem pela capacidade de correr, nem pela visão. Em alguns aspectos, está mais bem dotado e em outros menos. Tem uma vantagem sobre muitos animais por ter mãos, um instrumento fantástico; e por uma anatomia que lhe permite caminhar erguido. Porém, tem uma visão e um olfato piores, está menos dotado para correr e defende-se pior que a maior parte dos mamíferos superiores em matéria de unhas e dentes. Mas tudo isto não é tão importante.

O que verdadeiramente distingue o homem é a sua liberdade. O homem é dono de si mesmo; faz o que quer; atua depois de deliberar com a sua inteligência; é senhor dos seus atos; não é governado pelos seus instintos. É verdade que pode deixar-se levar pelos instintos e em algum momento ser dominado por eles (por exemplo, pelo pânico diante de uma situação de perigo), mas ordinariamente deixa-se governar pela inteligência e decide livremente a sua conduta.

MORAL: a arte de viver

Os animais comportam-se dominados pelos instintos, que são complexos mecanismos psicológicos. Cada animal tem determinados modos de comportamento — em grande parte congênitos e em parte aprendidos — com os quais reage aos estímulos externos. Não decide o seu comportamento; para cada estímulo, tem um tipo de resposta ditado por padrões muito complexos, mas, em grande medida, fixos. Embora o patrimônio instintivo de qualquer espécie seja amplíssimo, pode-se dizer que, em linhas gerais, os instintos tendem a garantir a sobrevivência do indivíduo e da espécie. Com efeito, os instintos mais fortes movem-se nessa direção: são uma resposta diante do perigo (ataque, defesa ou fuga), da alimentação e da reprodução.

Os instintos governam toda a conduta do animal: toda a sua psicologia e o seu relacionamento com o meio ambiente. Vale a pena reter este aspecto. O *animal só se interessa pelo meio ambiente na medida das suas necessidades.* Interessa-lhe o que lhe serve ou o afeta; o resto não lhe interessa. Nunca lhe interessam as coisas em si mesmas, mas apenas o que precisa delas. Se não fosse porque é algo natural, poderíamos dizer que os animais são profundamente egoístas: vivem só para si mesmos.

Na realidade, não pode ser de outra maneira. A natureza é sábia e os instintos existem para proteger a sobrevivência. Quando surge uma necessidade, o instinto faz com que se sinta o impulso de satisfazê-la. O animal que precisa de alimento é dominado pelo instinto de comer — a fome —: a fome põe-no em tensão e prepara-o para rastrear, caçar etc. Quando sente fome, é como se na sua hermética psicologia se abrisse uma janela para o que tem à volta: uma janela que se orienta só para um

2. A VOZ DA NATUREZA

objetivo — a comida; o resto é como se não existisse. Se tem fome, busca comida e tudo o mais nem lhe interessa nem pode interessar-lhe.

Se um leão faminto vê uma gazela, só a vê sob o ângulo da comida. Não repara na beleza das suas cores ou na elegância da sua corrida; para ele — pelo menos na medida em que podemos imaginar a psicologia do leão —, a gazela só significa uma coisa: comida. E é a única coisa que deseja dela. Não é possível pedir-lhe considerações estéticas ou ecológicas. Um leão faminto comeria sem hesitar a última gazela de qualquer espécie. Conta-se que uns cães que puxavam os trenós de uma importante expedição científica na Sibéria se atiraram a comer a carne de um mamute congelado que acabavam de descobrir: não se detiveram em nenhuma consideração sobre a importância científica do achado. Era carne e pronto.

Se o ser humano é capaz de sair do mundo fechado e concêntrico dos instintos, é precisamente porque tem inteligência. Enquanto a inteligência não se desenvolve e se manifesta, o comportamento do homem é bastante parecido ao dos animais superiores. Como os animais, as crianças pequeninas vivem dominadas pelos seus instintos e relacionam-se com o meio só para satisfazer as suas necessidades. Por isso, são terrivelmente egoístas. Fazem as coisas para si mesmas, buscando unicamente o seu proveito. Pretender, por exemplo, que uma criancinha de poucos meses fique contente de ver que outra compartilha a sua mamadeira é pedir muito; se o percebe e tem fome, não o tolerará. Uma criança pequena não pode ser realmente altruísta, como também não pode sê-lo um animal: vive para si mesma. A natureza é assim.

MORAL: a arte de viver

Mas quando a inteligência começa a desenvolver-se, a criança sai desse universo fechado e egoísta. Muda o seu relacionamento com o meio: começa a conhecê-lo. Não só conhece o que diretamente lhe interessa e enquanto lhe interessa (comida, bebida etc.), mas *descobre coisas que estão aí*, independentemente de que lhe convenham ou não. Como ilustram as pesquisas de Piaget, rapidamente começa a conhecer de uma maneira objetiva o mundo que a rodeia, isto é, passa a conhecer as coisas como são, sem pô-las em relação com as suas necessidades. Continua a ser terrivelmente egoísta, porque precisa ser assim para sobreviver, mas começa a descobrir que o mundo é independente das suas necessidades e gostos.

O desenvolvimento da inteligência introduz essa *relação objetiva* — não imediatamente interessada — com as coisas. Na medida em que conhece as coisas como "coisas", quer dizer, como seres distintos de si mesma, a criança descobre que as outras coisas têm também as suas leis e necessidades. Este passo é fundamental na vida intelectual e moral. O animal e a criança pequena vivem como se só eles existissem no mundo: veem o resto do mundo unicamente em função deles. O desenvolvimento da inteligência permite conhecer as coisas como elas são e colocar-se na posição das coisas. A criança começa então a perceber que ela é um ser entre outros seres; não é o único ponto de referência, *não é o único centro* da realidade; existem muitos outros.

O leão só se interessa pelas coisas do mundo que lhe servem para sobreviver e reproduzir-se, mas o homem não. A inteligência permite-lhe contemplar o mundo sem a intenção de comê-lo. Pode conhecer as coisas enquanto coisas; ou seja, é capaz de conhecer a verdade e

2. A VOZ DA NATUREZA

de contemplar a beleza, embora isso não lhe sirva absolutamente para nada. Não vive só para satisfazer as suas necessidades. Por isso, Plessner disse, com uma fórmula feliz, que "o homem é um ser descentrado", isto é, um ser que não está centrado em si mesmo, que pode colocar o centro da sua atenção no que o rodeia, que pode pôr-se na situação das coisas.

Poderíamos falar de uma *autêntica conversão,* que é simultaneamente intelectual e moral: quando a nossa inteligência se abre ao mundo e o conhece tal como é, estamos em condições de superar o egoísmo instintivo. Isto determina completamente a conduta humana e, portanto, é um aspecto fundamental para podermos entender qual é o modo de viver que corresponde ao homem, ou seja, como é a moral.

Bens e deveres

Qualquer homem chega a perceber, logo que amadurece, que não é o único ser sobre a terra e que existem outras necessidades e exigências além das suas próprias.

De acordo com isto, poderíamos dizer que a conduta humana se vê afetada por *duas chamadas distintas da natureza:* uma que vem principalmente *de dentro* e outra que lhe chega principalmente *de fora.* Como a moral é a arte de viver bem, a arte de ter uma conduta digna do homem, interessa que nos detenhamos um pouco a analisar estas duas chamadas da natureza.

A primeira é a chamada que lhe faz o seu próprio ser. O ser humano é e será sempre um ser necessitado. Não pode deixar de ter fome ou sede; por isso, não pode deixar de desejar a comida ou a bebida, e não

MORAL: a arte de viver

pode deixar de buscá-las ao seu redor; isto é: não pode deixar de olhar ao seu redor no que diz respeito a essas necessidades.

A segunda é a chamada que lhe dirigem os seres que o rodeiam. Logo que chega a conhecê-los, coloca-se no lugar deles e percebe que também têm necessidades e, nessa mesma medida, direitos. Percebe que ele é um ser mais entre os seres; que não pode guiar-se só por aquilo que deseja ou lhe convém; que as outras coisas lhe impõem obrigações.

A primeira chamada é a dos *bens,* das coisas de que precisamos e que nos atraem. A segunda é a dos *deveres,* das exigências que nos são impostas pelos seres e pelas realidades que nos rodeiam. É o momento de estudá-las brevemente.

a) *A chamada dos bens.* Faz muitos séculos, Aristóteles definiu como bem aquilo que é desejável aos olhos do homem, aquilo para que se sente inclinado, aquilo que lhe apetece. *Aristóteles definia o bem como "aquilo que todos apetecem ou desejam".*

Como a natureza é sábia, o homem sadio, como todos os animais sadios, deseja espontaneamente o que lhe convém: a comida, a bebida etc. Em princípio, as coisas que deseja são bens (ainda que vez por outra possa errar na interpretação do que é um bem ou na medida em que quer esse bem). Esses impulsos são reforçados pela satisfação que causa alcançar os bens (prazer) ou pelo mal que causa ver-se privado deles (dor). As sucessivas experiências de prazer e dor dão forma e educam o comportamento instintivo. É por isso que se podem amestrar os animais com um sistema de prêmios e castigos.

2. A VOZ DA NATUREZA

O desenvolvimento da inteligência amplia enormemente a possibilidade de descobrir bens, isto é, a possibilidade de descobrir coisas que convêm. O instinto busca localizadamente os bens que garantem a sobrevivência, mas a inteligência vai muito além. Não demora a desejar como bens coisas que servem para conseguir os bens primários. Por exemplo, o dinheiro não é comestível, mas pode proporcionar comestíveis; nessa medida, é um bem. Para descobri-lo, é preciso um raciocínio elementar: um animal é incapaz de captar a relação entre o dinheiro e a comida e por isso não deseja o dinheiro; já a criança é capaz de entender bem cedo essa relação, e começa a querer o dinheiro como um bem, embora não possa comê-lo. O instinto não pode descobrir essa relação; é a inteligência que a capta.

Assim se aprende a desejar como bens outras coisas que são úteis para conseguir ou preservar a comodidade, a segurança ou a saúde. Além disso, como a inteligência permite prever o futuro, descobre-se que são bens não só os que satisfazem as necessidades atuais, mas também os que podem servir mais adiante: não se demora a aprender, por exemplo, que é bom armazenar comida ou dinheiro, embora de momento não se tenha fome.

Quando a criança amadurece, descobre que o campo dos bens é muitíssimo mais amplo que o das necessidades primárias; e começa a gostar de muitos outros bens e a desejá-los. Conforme a educação que receba, aprende a apreciar os bens que têm a ver com a realização pessoal: as habilidades e conhecimentos; a posição, a boa fama e o triunfo profissional; as relações pessoais de amizade e amor; os bens estéticos; os costumes morais — as virtudes — que tornam um homem honrado e honesto.

MORAL: a arte de viver

Chamamos bens a todas estas coisas que são desejáveis. São bens precisamente porque são desejáveis; e são desejados porque nos beneficiam de um modo ou de outro.

Como acabamos de ver, nuns casos, o desejo procede diretamente de nosso patrimônio instintivo; é o caso dos bens primários: comida, bebida etc. Em outros, o desejo é induzido pela inteligência, quando descobre a utilidade que têm (o dinheiro). Em outros ainda, é a consideração social que empurra a apreciá-los e amá-los (a posição, o triunfo profissional, a fama etc.). Quanto aos bens estéticos, religiosos e morais, porém, é necessária uma educação muito cuidadosa, que ensine a apreciar a sua beleza. Estes bens são desejados só e na medida em que se descobriu a sua qualidade.

Chegar a apreciar como bens os verdadeiros bens, isto é, os que verdadeiramente nos convêm, é a parte mais importante da educação. E não é fácil. Se um homem não foi ensinado a amar *todos* os bens, a sua conduta pode ser dominada pelos bens primários: comida, bebida, comodidade, sexo, segurança, saúde etc.; ou por outros gostos que tenha adquirido: o dinheiro, o jogo etc.

Os bens primários têm, evidentemente, a sua importância e não podem ser desprezados. Mas não é digno do homem dedicar-lhes a vida inteira, porque é capaz de muito mais. *Primum vivere deinde philosophari*, dizia o adágio clássico: "primeiro, viver, e depois filosofar". Está certo: não podemos viver como se não tivéssemos que comer, mas também não podemos viver como se só tivéssemos que comer. É preciso conseguir ordenadamente todos os bens que são próprios da plenitude humana.

2. A VOZ DA NATUREZA

Aprender quais são os bens do homem e chegar a amá-los faz parte da moral; uma parte importante, mas só uma parte: na moral, como dissemos, além dos bens, estão os deveres.

b) *A voz dos deveres* é a outra voz que a natureza nos dirige; é a voz que nos chega das coisas que nos rodeiam. A inteligência descobre que não estamos sós no mundo, que existem outros seres além de nós. E permite-nos *colocar-nos na situação* desses outros seres e perceber que também têm necessidades como nós: é uma compenetração elementar e inevitável. O objeto que melhor conhecemos no mundo somos nós mesmos, e é precisamente esse conhecimento próprio que nos leva a entender os outros. Por um raciocínio elementar, que surge quando alcançamos o uso de razão, deduzimos que o que é bom para nós deve ser bom para os outros, e ao contrário: que o que é mau para nós deve ser mau para os outros.

Os animais, que não têm inteligência, só sentem a voz dos seus instintos, mas nós, os homens, também ouvimos as *vozes* dos seres que nos rodeiam. É o que distingue a nossa conduta do comportamento animal: *é próprio do homem sentir-se obrigado por essas vozes.* Ouvimo-las precisamente por estarmos dotados de inteligência. A inteligência rompe o cerco da psicologia instintiva. Pela mesma razão pela qual chegamos a conhecer as coisas tal como são, sentimo-nos obrigados a tratá-las com *respeito.* Descobrimos que essas coisas não existem apenas em função das nossas necessidades, mas existem por si mesmas e também têm necessidades.

Ao contrário do animal, o homem sente-se comprometido pelas coisas que o rodeiam, mesmo que não

MORAL: a arte de viver

lhe sirvam para nada, como não lhe serve para nada a contemplação da beleza. O mundo é assim. Um homem normal não pode comer sossegado se tem ao seu lado outro homem faminto; sabe o que esse homem sente e do que precisa, e vê-se condicionado e obrigado por essa presença. Talvez não lhe apeteça ajudá-lo, nem tire nenhum proveito em fazê-lo, mas sente-se obrigado a compartilhar com ele a sua comida. É o que é próprio de um ser humano.

Também aqui temos de levar em conta o papel da inteligência. Na medida em que ampliamos a nossa experiência pessoal e em que recebemos educação, amplia-se também imensamente o campo dos nossos deveres: adquirimos maior sensibilidade para perceber as vozes que nos dirige o mundo que nos rodeia, para ver o que se espera de nós. A inteligência educada abre também imensamente o panorama dos deveres.

Existem obrigações que se sentem espontaneamente; por exemplo, os lamentos de um homem ferido ou mesmo de um animal obrigam-nos a ajudá-los. E à medida que vamos crescendo em experiência, descobrimos muitos outros deveres. Assim chegamos a perceber, por exemplo, que os homens que nos rodeiam precisam, além de comida, de uma palavra de alento, de um sorriso ou de um pouco de companhia. A nossa experiência raciocinada aumenta a nossa sensibilidade para os deveres, para a percepção do que se espera de nós...

Resumamos agora brevemente o que dissemos: conforme vimos, a conduta humana está condicionada por essas duas vozes da natureza. A primeira é a dos bens apetecíveis para o homem. A segunda é a das coisas de

2. A VOZ DA NATUREZA

que estamos rodeados, que nos exigem um comportamento com relação a elas: é a chamada dos deveres. *Os bens atraem-nos; os deveres obrigam-nos.* A atração dos bens *sente-se* sobretudo na sensibilidade; a obrigação dos deveres, ao contrário, *percebe-se* sobretudo na inteligência. Sentimo-nos atraídos pelos bens e sabemo-nos obrigados pelos deveres.

A conduta humana está condicionada por bens e deveres, e é preciso saber conjugá-los, porque, às vezes, limitam-se uns a outros. *A moral,* que é a arte de viver bem, a arte da conduta humana, *é também a arte de conjugar bem os deveres,* de pôr cada coisa no seu lugar, *de pôr ordem nos amores.*

Do egoísmo ao sentido do dever

Enquanto a inteligência não se desenvolve, o homem vive dominado pelos seus instintos, em busca dos bens primários. À medida que a inteligência se desenvolve, começa o conhecimento objetivo e começa a notar-se a chamada das coisas: começa a vida moral.

Ao passo que o elemento característico da idade infantil é o seu inevitável egoísmo, *o elemento próprio da maturidade é a aparição do sentido do dever.* A conduta deixa de se guiar pelos gostos para abrir espaço às exigências que a realidade impõe. Amadurecer significa que os deveres ocupam um lugar cada vez mais importante, e, em sentido contrário, é *sinal de imaturidade* que se mantenha o egoísmo infantil, *que a conduta continue centrada exclusivamente na busca dos bens próprios.*

O egoísmo das crianças é inevitável e desculpável, mas o egoísmo de uma pessoa fisicamente madura constitui

MORAL: a arte de viver

um desajuste na sua personalidade: o corpo amadureceu, mas o espírito não amadureceu suficientemente. É como se a inteligência não tivesse chegado a funcionar completamente bem, pelo menos no campo da conduta; como se se arrastasse uma forma de conduta que pertence à idade infantil. Viver centrado em si mesmo é viver de um modo incoerente com a posição que cabe ao homem no mundo.

Além disso, o egoísmo infantil comete erros. Costuma-se dizer que as crianças "têm os olhos maiores que a boca", porque facilmente se deixam levar pela gula: comem mais do que lhes convém e apossam-se de mais comida do que a que podem consumir: a idade infantil é a idade das indigestões. O instinto, que acerta ao indicar às crianças um bem — a comida —, engana-as com relação à quantidade. Quando crescem, e são capazes de pensar e de acumular experiência, aprendem a medir a quantidade de comida que lhes convém. O instinto não é infalível, mas bastante impreciso e carece de ser regulado pela razão. A inteligência permite avaliar se o bem que o instinto propõe é realmente um bem (se deve ser desejado) e em que medida.

A maturidade requer uma autêntica conversão intelectual e moral. *A conduta deve passar de ser guiada pelos impulsos a ser guiada pela razão.* É preciso aprender a regular as tendências instintivas, egoístas e egocêntricas — o mundo dos gostos e desejos — para dar espaço à realidade — o mundo dos deveres. A maturidade requer e pressupõe a capacidade de pensar as coisas em termos objetivos: requer o costume de pensar no que nos rodeia, especialmente de pensar nos nossos semelhantes, de *pensar nos outros.*

2. A VOZ DA NATUREZA

Enquanto não se chega a isso, não se supera o egoísmo, e a conduta fica praticamente fora do âmbito da moral, que é a mesma coisa que dizer que não é propriamente humana: na realidade, permanece no nível próprio dos animais. A sobrevivência do egoísmo infantil não é fruto de uma opção: em geral, não é que alguém decida ser egoísta; o egoísmo sobrevive quando não se introduz o costume de guiar-se pelo sentido do dever.

Aprender a ouvir a voz dos deveres é uma tarefa para toda a vida; é talvez a conversão mais importante de todas, a que nos constitui em seres morais. O egoísmo não se supera sem esforço e tende a reproduzir-se continuamente, mesmo que tenha sido superado em outras épocas da vida. Temos uma inclinação permanente a viver centrados no nosso eu, pendentes dos nossos próprios bens. Se não há um esforço constante por situar-se objetivamente no mundo, facilmente a conduta acaba dominada pelos interesses próprios.

Uma parte importante da educação moral consiste em ajudar a superar o egoísmo infantil: ensinar a pensar nos outros; ensinar a descobrir os outros e a tratar cada pessoa e cada coisa com o respeito que merecem; chegar a situar-se objetivamente no mundo como mais um entre os muitos seres que o formam. "A atitude fundamental de respeito — diz von Hildebrand — é a base de todos os modos de conduta moral perante o nosso próximo e perante nós mesmos" (*Santidade e virtude no mundo*, 1972). É preciso educar a criança para que a adquira: fomentar-lhe a sensibilidade para que aprecie a voz dos deveres; e mostrar-lhe a beleza e a dignidade de uma conduta capaz de guiar-se pela verdade dos seres, superando o egoísmo: assim a amará e a assumirá como modelo.

Três tipos de deveres

Todas as coisas que nos rodeiam impõem-nos deveres. Viver bem é, em última análise, *saber dar a cada coisa o tratamento que merece*. Agora estudaremos os deveres que temos em relação às diversas coisas que nos rodeiam.

Podemos situar os diferentes seres que nos rodeiam em três planos: Deus, os homens — incluindo neste ponto a sociedade e a sua cultura — e a natureza no seu conjunto. Cada uma destas realidades externas impõe-nos deveres. Definamos esses deveres servindo-nos das fórmulas em que a moral cristã soube condensá-los. Enunciá-los-emos brevemente, porque dedicaremos depois um capítulo a cada um deles.

a) O primeiro ser é Deus. E é um ser muito especial; é lógico que os nossos deveres para com Ele sejam também muito especiais. É lógico que, sendo Deus quem é, ocupe o primeiro lugar na nossa vida. Exprime-o perfeitamente o primeiro dos Dez Mandamentos: "Amarás o Senhor teu Deus com todo o teu coração, com toda a tua mente, com todas as tuas forças".

É preciso chamar a atenção para esta fórmula tão simples e tão rotunda. Repete por três vezes a palavra *todo*. É lógico. Se Deus é Deus, o Ser Supremo, requer uma atenção absoluta: só podemos amá-lo coerentemente se o amamos com *todo* o coração, com *todas* as forças, com *toda* a mente. É o único modo de tratar a Deus como merece.

A ordem dos amores exige que se coloque a Deus acima de tudo. Para quem não crê, isto pode parecer uma dependência excessiva. Mas seria não entender

2. A VOZ DA NATUREZA

bem a questão: se Deus é quem é, essa dependência jamais pode ser excessiva, arbitrária ou escravizadora. Seria excessivo depender assim de outro ser humano ou de outra realidade qualquer, mas de Deus não. Depender assim de Deus é depender do melhor dos seres, do mais perfeito, do mais compreensivo, do mais amável, do mais digno: do único ser de quem vale a pena e é necessário depender absolutamente.

O homem não pode deixar de depender de alguma coisa, porque é um ser limitado, débil e mortal, mas dotado de uma sede insaciável de plenitude e de absoluto. Quando não depende de Deus, busca sucedâneos. Seria triste depender de alguma coisa que não é Deus como se fosse Deus. Chamamos a isso *idolatria.*

É idolatria (adorar um ídolo, um sucedâneo de Deus) adquirir a respeito de outra coisa a dependência que só Deus merece. Fora de Deus, nada deve ser amado absolutamente, porque não existe nada que seja absoluto: é uma idolatria amarmo-nos a nós mesmos até ficarmos completamente submetidos aos nossos gostos ou à nossa ambição: é uma idolatria estarmos submetidos ao dinheiro, à ambição, ao sexo, à droga ou a qualquer outra coisa. Nada sobre a terra merece uma devoção absoluta, nem nenhum tirano pode pretendê-la.

Só Deus pode ser amado com um amor total. Pode parecer que, nesse caso, já não restam lugar nem forças para outros amores, mas não é assim. Nós, os cristãos, cremos que o mundo saiu das mãos de Deus. Tudo o que nele existe de bom, Deus o quer. E se Deus o quer, também nós devemos querê-lo. Portanto, ao querermos as coisas na medida em que são boas, na medida em que o merecem, queremos também a Deus, que é o criador

MORAL: a arte de viver

de todas as coisas. E se queremos a Deus, vemo-nos obrigados a querer também todas as coisas, na medida em que são boas. E não há nisto contradição alguma. Antes pelo contrário, essa é precisamente a ordem da realidade, a ordem dos amores.

Querer bem às coisas é querê-las segundo a ordem que têm, que é a ordem querida por Deus. Se quiséssemos as coisas fora de Deus ou — o que é pior — em lugar de Deus, querê-las-íamos mal. O amor deve ser ordenado. *A ordem dos amores é a ordem da realidade.* O que é maior exige um amor maior e atrás vêm todos os amores ordenadamente.

b) Na escala dos seres, depois de Deus vêm os nossos semelhantes. O amor que devemos aos homens que nos rodeiam está esplendidamente expresso num mandamento que resume o resto do Decálogo: "Amarás o próximo como a ti mesmo".

Este amor é diferente do anterior, porque os homens não são deuses. O amor a Deus tem de ser absoluto, porque temos em relação a Ele uma dependência absoluta. No amor aos homens, porém, é posta uma medida, embora seja uma medida muito exigente: é preciso amar os outros como nos amamos a nós mesmos.

Não se pode negar que se trata de uma comparação feliz e que encerra uma sábia pedagogia. Trata-se de querer para os outros o que queremos para nós e de lhes evitar o que nós evitamos. É lógico que tenhamos de amar os outros como a nós mesmos, porque são seres da mesma categoria que nós, homens como nós. Para Deus, tudo; para os homens, o mesmo que queremos para nós. A moral segue a lógica das coisas, a ordem da realidade.

2. A VOZ DA NATUREZA

Evidentemente, não podemos amar todos os homens com a mesma intensidade. Isto excede completamente as nossas capacidades reais. Somos muitos milhões de seres humanos sobre a terra: não conhecemos nem temos nenhum tipo de relacionamento com a maior parte deles. Por isso, dispomos de *um critério de ordem: ama o próximo;* isto é: ama o próximo mais próximo. É preciso preocupar-se com os que estão mais próximos pelos laços de sangue, de amizade, de camaradagem, como também de proximidade física.

Em última análise, trata-se de um preceito realista para que não nos deixemos levar pela imaginação. Amar os outros concretiza-se em amar todos os que temos perto e na medida em que estão perto. Pode ser mais fácil sermos simpáticos e tratarmos bem as pessoas com quem temos um contato esporádico, mas isto não costuma ser realmente amor. Onde se demonstra se existe ou não amor aos nossos semelhantes é no trato com as pessoas com quem convivemos. É uma desordem pensar que amamos os que vivem longe de nós, se maltratamos os que vivem perto. Em contrapartida, quando nos esforçamos por amar os que estão perto, somos capazes de amar também os que estão mais longe, porque nos acostumamos a amar, nos educamos para amar.

Dentro deste capítulo dos deveres para com os nossos semelhantes, é necessário incluir também todas as realidades culturais e sociais, que são fruto da história e da convivência humana: por exemplo, pessoas jurídicas e morais, instituições, tradições, costumes, numa palavra, todo o patrimônio cultural humano que existe realmente e que, por isso, nos impõe também deveres. Teremos ocasião de referir-nos a isto no capítulo correspondente.

MORAL: a arte de viver

c) Por fim, em terceiro lugar, *depois de Deus e dos nossos semelhantes, estão as coisas que nos rodeiam*: todas as coisas, naturais ou artificiais. Todas têm uma dignidade que devemos respeitar, e impõem-nos deveres, embora não sejam tão graves como os que nos impõem as pessoas. Mas muitas vezes são graves e urgentes.

O relacionamento do homem com o mundo também se exprime na tradição cristã com uma fórmula feliz: *o homem é administrador do mundo*. Foi-lhe dado o domínio do mundo material para que cuide dele e dele se sirva para as suas necessidades. Mas *não é o dono do mundo*: é simplesmente o seu administrador. E como qualquer administrador, terá que prestar contas da sua administração. Pode usar das coisas e servir-se delas, mas não pode maltratá-las nem, destruí-las a seu bel-prazer. O direito de propriedade, que é o direito sobre as coisas, é, segundo a tradição cristã, um direito limitado. Embora as coisas sejam minhas, não posso fazer com elas o que quero: em primeiro lugar, porque existem outras pessoas no mundo que podem ter necessidade delas — e, nessa medida, também direito a elas —, e, depois, porque as próprias coisas têm uma dignidade que estou obrigado a respeitar. Por isso, destruir um bem por mero capricho é imoral, ainda que seja meu. Também é imoral destruir sem motivo a natureza e fazer sofrer os animais; e até existe uma parcela de imoralidade em não saber apreciar a beleza do mundo material.

Dedicaremos a segunda parte deste livro a estudar detidamente cada um destes deveres. De momento, basta sabermos que existem três tipos de realidades externas que nos impõem deveres: Deus, os nossos semelhantes, e a natureza em geral, as coisas materiais.

3. A ORDEM DOS AMORES

Conjugar bens e deveres

Dissemos que a conduta humana está condicionada por bens e deveres. Bens são as coisas que desejamos porque nos parecem convenientes ou nos atraem instintivamente; deveres são as obrigações impostas pelas coisas que nos rodeiam. Trataremos agora de estudar um pouco o que é que tem prioridade: isto é, o que temos de amar antes. Isto é tão importante como difícil. Saber pôr ordem na conduta é uma grande coisa. Santo Agostinho define a virtude simplesmente como "a ordem do amor" (*Cidade de Deus*, XV, 22).

Bens e deveres não são duas vozes opostas, como pode parecer à primeira vista, mas duas vozes que se combinam: cuidar dos deveres é um bem, e cuidar dos bens é um dever. Isto ajuda a situar-nos.

a) *É um dever ouvir a voz dos bens,* isto é, conseguir os bens de que precisamos. A natureza está muito bem-feita. Em princípio, quando nos sentimos atraídos por um bem, é porque nos convém. Quando sentimos fome, é porque o nosso corpo precisa de alimentos; quando sentimos sede, é porque precisa de água.

Temos deveres para conosco próprios. É lógico, porque também nós fazemos parte da natureza. Se devemos tratar todas as coisas com respeito, é lógico que também nos tratemos a nós mesmos com respeito e consideração.

MORAL: a arte de viver

"A caridade bem entendida começa por nós mesmos", diz um conhecido refrão. Talvez não seja correto dizer que começa por nós mesmos; talvez não comece necessariamente por nós mesmos, mas evidentemente existe uma caridade para conosco mesmos, *existe um amor-próprio que é legítimo e bom* e que nos leva a obter os bens que são necessários e nos convêm. Caso contrário, não poderíamos viver.

É uma deformação pensar que tudo o que nos apetece ou nos agrada é, por isso mesmo, mau ou pelo menos suspeito. A natureza está bem-feita e, em princípio, o que nos apetece é realmente um bem, algo que nos convém e, nessa medida, é também um dever. Os bens primários atraem-nos porque precisamos deles. Não é mau sentir atração por eles, mau seria deixar-se levar por ela sem ordem. Pode-se dizer o mesmo do impulso sexual: indica uma necessidade da natureza humana, que é a de perpetuar-se; é algo bom em si, embora tenha também de observar uma ordem, como veremos mais adiante.

A moral cristã é muito respeitosa para com a natureza: baseia-se no convencimento de que é bom o que Deus criou e de que é bom viver de acordo com a verdade das coisas que Deus criou. Por isso, à diferença dos puritanismos que sempre existiram e também podem existir como deformações da moral cristã, sabe que a voz egoísta dos bens também é boa. É verdade que pode haver erros e que se requer educação para aprender a reconhecer e amar todos os bens, mas o fundo natural das inclinações humanas é bom e é nisto que se baseia a moral.

Em toda a chamada para um bem, em princípio existe um dever. Comer é um bem, mas, além disso, é um dever: por isso, devemos comer, beber, assim como descansar;

3. A ORDEM DOS AMORES

e devemos igualmente progredir e amadurecer em todos os aspectos, desenvolver-nos física e intelectualmente, melhorar a nossa formação e a nossa cultura, a nossa posição social e econômica etc.

Mas não se trata de deveres absolutos; quer dizer, não são deveres que estejam necessariamente acima de outros deveres. Assim como nem tudo aquilo que nos apetece é realmente um bem, ou nem sempre aquilo que nos apetece mais é melhor do que aquilo que nos apetece menos, assim nem todos os bens são deveres. Para que se converta num dever, a chamada de um bem tem que passar pelo juízo da inteligência. A inteligência tem que avaliar se essa chamada deve ser escutada, e imprime assim ordem e medida aos bens que desejamos. O *desejo é apenas um indício:* precisa da aprovação da consciência para que seja bom segui-lo. *Os bens convertem-se em deveres quando passam pela consciência.*

b) Agora resta-nos ver a proposição contrária, isto é, que *seguir a voz dos deveres é um bem.*

Isto é evidente. O que caracteriza o homem é escutar a voz dos deveres, sentir os deveres, percebê-los. É o que dá dignidade ao ser humano e o que o torna diferente dos animais. O homem é tanto mais digno e tanto mais maduro quanto mais sentido tem do dever.

Para vivermos moralmente, ouvindo a voz dos deveres, precisamos de muita força. E parte dessa força nasce de termos a convicção profunda de que esse modo de viver é bom e belo. A vida moral atinge uma grande altura quando esta maneira de viver é firmemente desejada como um bem. É então que se combinam plenamente a voz dos deveres e a voz dos bens.

MORAL: a arte de viver

O dever ganha uma força enorme quando se aprende a amá-lo como um bem. É completamente diferente um *cumprir* o *dever* estoico (ou kantiano) de um apaixonado *amar* o *dever*. Um homem apaixonado pela sua família e pelos seus filhos cumpre os seus deveres familiares com uma intensidade e uma plenitude que nem sequer pode imaginar quem aprendeu a cumprir os seus deveres lendo um livro de moral. Nenhuma consideração teórica pode substituir a força de uma paixão retamente orientada.

O homem é um ser corporal, dotado de sentimentos: precisa deles para agir com firmeza, com profundidade e com perseverança. Uma decisão isolada não basta para cumprir um dever que se revele difícil, custoso, ou que exija um esforço prolongado. Mas se se ama esse dever, adquire-se uma força extraordinária para cumpri-lo e perseverar nesse cumprimento. E então é o homem inteiro — com o corpo e a alma — quem quer.

Uma boa mãe é capaz de uma abnegação incrível pelos seus filhos; os seus sentimentos ajudam-na a cumprir mesmo heroicamente as suas obrigações. Um professor com vocação para a docência ou um artesão que ama o seu trabalho são capazes de desenvolver uma energia e um espírito de sacrifício extraordinários graças ao afeto que sentem pelas suas obrigações. E o mais notável é que não se sentem infelizes quando se sacrificam; até se poderia dizer que têm prazer em realizar a sua tarefa e em exceder-se. É que *amam o seu dever com corpo e alma*, e a sua vontade vê-se reforçada por afetos profundos. Alcançaram essa situação feliz em que *o dever é amado como um bem*. Isto tem muito a ver com a plenitude humana.

É claro que nem sempre é possível chegar a essa situação, porque não temos um domínio fácil sobre os nossos

3. A ORDEM DOS AMORES

sentimentos. Os nossos sentimentos têm também uma base corporal e estão muito condicionados por fatores incontroláveis, como o clima, a saúde, a alimentação etc.; só nos seguem em certa medida. E são lentos: carecem de tempo para se afeiçoarem a alguma coisa e senti-la como um bem. É preciso, pois, educá-los, acostumá-los a amar os deveres.

Muitas vezes, é preciso cumprir o dever sem sentir nada ou mesmo sentindo repugnância. O costume de vencer-se e fazer o que se deve, com ou sem sentimentos, educa-os e torna-os mais ágeis para seguir as determinações da vontade. Os homens muito retos têm os sentimentos educados e isso dá-lhes muita força quando tomam decisões. Na sua força de vontade, intervêm sentimentos fortes, que reforçam e dão consistência e paixão à decisão da vontade.

Quando tomamos decisões muito firmes, arrastamos os nossos sentimentos. E quando as repetimos muitas vezes, criamos gostos. Quando nos sentimos orgulhosos por termos cumprido o dever, o gosto cresce. E o mesmo acontece quando consideramos como é bonito viver assim: *os sentimentos movem-se quando se descobre no dever o seu aspecto de beleza.*

Os sentimentos bem-educados sustentam a vida moral: dão-lhe estabilidade e consistência. Por isso, um aspecto fundamental da educação moral é a educação dos sentimentos: ensinar a amar a conduta reta e a sentir repugnância pela conduta desordenada.

E o modo de educar esse amor e essa repugnância é mostrar a beleza da conduta reta e a fealdade da conduta desleal. As coisas boas entram pelos olhos antes do que pela inteligência. Assim, diz Platão, o jovem "louvará

MORAL: a arte de viver

com entusiasmo a beleza que tenha ocasião de observar, fá-la-á entrar na sua alma, alimentar-se-á dela, e por esse meio virá a formar-se na virtude; em sentido contrário, olhará com desprezo e com uma aversão natural o que for vicioso. E como esses sentimentos se darão desde a mais tenra idade, antes de serem iluminados pela luz da razão, mal esta apareça, invadirão a sua alma e unir-se-ão a ela" (*República*, 402 A). C.S.Lewis escreveu sobre isto páginas memoráveis em seu livro *A abolição do homem.*

O juízo da consciência

Um pai de família ou qualquer um que seja responsável por um grupo de pessoas, embora esteja numa situação extrema, não pode satisfazer a sua fome sem pensar antes na fome daqueles que tem ao seu cuidado. A sua fome não está em primeiro lugar, por muito real e verdadeira que seja.

Sentir fome pode ser um sinal de que devemos satisfazer uma necessidade elementar sem a qual não poderíamos sobreviver. Mas nem sempre é preciso atender a essa voz. Não é preciso comer sempre que se sente fome. Por muitos motivos práticos — de higiene, de saúde, de trabalho —, é preferível, por exemplo, seguir um sistema organizado de refeições e comer a horas fixas. Também não é bom deixar-se levar estritamente pelos gostos nas refeições, porque a dieta deve ser equilibrada e isso exige uma alimentação variada, em que logicamente haverá coisas que agradem mais e outras menos. E não convém comer até fartar-se, isto é, até que não reste fome nenhuma; sempre se recomendou o contrário: é bom para a saúde levantar-se da mesa com um pouco de apetite; de outro

3. A ORDEM DOS AMORES

modo, frequentemente come-se mais do que é necessário e engorda-se. A inteligência tem de estabelecer condições à voz do desejo. Tem que determinar *quando, como* e *em que medida* deve ser atendida; tem que conjugar a voz dos bens e a dos deveres.

Somos limitados: as nossas forças são limitadas e o nosso tempo também é limitado. São muitos os bens que devemos adquirir e muitos os deveres que temos de cumprir. Não podemos fazer tudo ao mesmo tempo. *É necessário pôr medida e fixar uma ordem de prioridades*, tanto nas atividades que exigem uma grande dedicação de tempo e energia como nas ocupações corriqueiras da vida diária.

Em primeiro lugar, é necessária *medida*. Muitos bens só são bens quando são queridos com medida. Precisam de medida os bens primários: o conforto, a saúde, a comida, a bebida etc. E também precisam de medida outros bens que tendem a ser absorventes: o dinheiro, o prestígio, o trabalho, o lazer. Na realidade, todos os bens, exceto os mais altos — o amor a Deus e aos outros — precisam de medida. Quando não existe medida, os excessos prejudicam, ou porque fazem mal fisicamente (comida, bebida etc.), ou porque consomem tantas energias e tempo que nada sobra para os outros bens.

Em segundo lugar, é necessária uma *ordem de prioridades,* porque não podemos fazer tudo ao mesmo tempo: é preciso escolher aquilo que temos de fazer em cada instante. Os bens e os deveres vão-se apresentando e às vezes entram em conflito: não podemos trabalhar e descansar ao mesmo tempo; não podemos atender um doente e ver um filme; não podemos visitar ao mesmo

MORAL: a arte de viver

tempo todos os nossos parentes. É necessário parar um momento e pensar como conjugar os diferentes bens e deveres que estão em jogo.

É algo que fazemos espontaneamente. Medimos mentalmente as possibilidades de agir e vemos em cada caso quais os bens e deveres que nos hão de ocupar e quais os que deixaremos de lado. A esta avaliação moral que fazemos quase sem perceber chama-se "voz da consciência". A voz da consciência é apenas isto: *a capacidade natural de perceber em cada caso e concretamente qual o dever e qual o bem a que é necessário atender em primeiro lugar.* A consciência avalia qual é a prioridade e também, quando se trata de bens, qual é a medida.

A consciência atua como um *dar-se conta* do que devemos fazer. Não é a decisão de como queremos agir: a decisão vem depois e consiste em seguir ou não o juízo da consciência. A consciência não consiste em decidir com a vontade, mas em perceber com a inteligência. E não julga o que é que mais gostamos de fazer, mas o que é que devemos fazer. Diante dos dados que se oferecem, nasce a convicção de que determinada maneira de agir é a melhor porque é a que melhor corresponde à situação concreta de bens e deveres. É por isso que se costuma falar da *voz da consciência,* como querendo indicar que é algo que ouvimos, que nos é comunicado, que não somos nós que fazemos ou inventamos, mas que nos vem da própria situação.

É o ato mais próprio e interior do homem, em que se relacionam a inteligência que descobre a verdade da ordem e a vontade que deve amá-la. O valor de uma vida depende destes repetidos momentos em que primeiro se avalia o que é preciso fazer e depois se decide. É próprio

3. A ORDEM DOS AMORES

do homem reto guiar-se pela voz da sua consciência, isto é, querer o que a consciência vê.

O juízo da consciência é pronunciado antes de agirmos, mas repete-se também depois que agimos: à vista dos resultados, avaliamos se fizemos bem as coisas ou não, e se seguimos ou não a voz da nossa consciência. Quando se atua contra a consciência, ataca-se a parte mais íntima e delicada do homem: esse *delicado sistema que nos torna livres;* algo de muito íntimo se destrói dentro de nós. Por isso, agir contra a consciência deixa um rastro de mal-estar, que denominamos remorso. Quando nos acostumamos a agir contra a consciência, esta deteriora-se: perdemos a luz que nos permite ser livres. Quem não respeita a sua consciência acaba por não saber o que é justo e fica à mercê das forças irracionais dos seus instintos, das suas inclinações ou da pressão exterior.

A consciência é uma função natural e espontânea da inteligência. Começa a funcionar logo que a inteligência começa a abrir-se e chega à maturidade quando a inteligência chega à sua maturidade. Quando o mundo começa a ser conhecido, começa-se a perceber os deveres e começam as avaliações acerca do modo como é preciso agir. Costuma-se considerar que a responsabilidade começa com o uso da razão, lá pelos sete anos de idade.

A consciência é delicadamente *pessoal:* cada qual deve descobrir pessoalmente o modo correto de agir em cada instante. De fora, podem ajudar-nos, mas não transmitir uma solução. É por isso que a formação da consciência, como toda a educação, é uma tarefa tão difícil: quem tem de aprender é o aluno com a sua própria inteligência; o professor só ajuda externamente. Não é possível pensar

MORAL: a arte de viver

por outro e também não é possível exercer a liberdade por outro.

Não podemos impor aos outros com violência os nossos critérios, porque seria atentar contra o modo natural de exercer a liberdade humana. *Não se deve obrigar ninguém a agir de modo contrário à sua consciência,* porque seria destruir a sua vida moral. Este é um dos princípios morais mais básicos.

Mas isto não quer dizer que todas as decisões tomadas em consciência sejam corretas. Mesmo com muito boa vontade, todos podemos errar, por falta de conhecimentos, por falta de clareza ou por não querermos equacionar bem as coisas. De fora, podem perceber e também podem — e às vezes devem — dizer-nos onde erramos e por quê. O que não podem é obrigar-nos a vê-lo, porque seria como se nos obrigassem a entender um problema de matemática. É preciso defender a liberdade das consciências, ou seja, *respeitar o processo pelo qual cada um chega a ver o que deve fazer.*

Isto não quer dizer que todas as opiniões tenham o mesmo valor, nem que se deva permitir a todos fazer o que bem entendam. A intimidade da consciência é inviolável, mas o agir externo, não: aqui podemos e devemos intervir. Podemos e devemos impedir, por exemplo, que uma pessoa cometa um assassinato ou se suicide, embora ela considere isso correto e não compreenda as nossas razões.

A consciência não depende de gostos ou decisões pessoais, pois é uma captação da realidade: aplica ao agir a ordem da inteligência. Trata-se, portanto, de uma ordem que pode ser raciocinada. Por isso, pode-se explicar abstratamente o que está certo e o que está errado, quais as

3. A ORDEM DOS AMORES

ações ordenadas e quais as desordenadas. E isto é objetivo, independente do modo como cada qual pensa.

Não respeitar as obrigações que temos para com Deus, para com o próximo, a sociedade ou a natureza é objetivamente mau. Apegar-se com falta de medida ou desordenadamente aos bens próprios é objetivamente mau. Prejudicar os bens do próximo é objetivamente mau. Preferir um bem próprio a um dever grave é objetivamente mau. Tudo isto pode ser sabido e pensado também a partir de fora.

E é útil sabê-lo, porque ajuda a formar a consciência e a dar-lhe segurança em seus juízos. É útil saber que o assassinato, o roubo, a mentira, a luxúria, os maus pensamentos, a fraude, a inveja, o suborno, a blasfêmia ou o insulto são ações desordenadas e más. Por isso, é possível e é útil um ensino racional acerca do que é bom ou mau.

Podemos julgar as ações em abstrato. Mas, geralmente, é difícil julgá-las em concreto, porque as ações humanas são, muitas vezes, de uma complexidade extrema, com aspectos que não é possível avaliar a partir de fora. Por isso, ordinariamente, não podemos nem devemos julgar os outros pelas suas ações; não podemos penetrar nas suas consciências. Interessa, às vezes, julgar as ações no que elas têm de objetivo e externo, porque se ganha experiência; e é óbvio que podemos e devemos julgar as nossas próprias ações porque, com frequência, devemos arrepender-nos delas. Mas, no fundo, *só Deus pode julgar bem.*

Deus julga a partir do interior da consciência; nós, homens, só podemos julgar a partir de fora. A moral ou a ética fornecem-nos elementos de juízo para que

MORAL: a arte de viver

aprendamos a julgar o que temos de fazer, não para que julguemos os outros; a sua função principal é orientar a nossa conduta pessoal.

Para que a consciência acerte

A avaliação acerca do que é preciso fazer, isto é, o juízo da consciência, depende muito dos conhecimentos morais que se tenham, quer dizer, do conhecimento que se tenha sobre quais são os bens e deveres; da medida e da ordem em que se devem querer os diferentes bens e sobre qual deve ser a ordem dos amores.

Existe um *conhecimento espontâneo daquilo que é ordenado ou desordenado, bom ou mau.* Em princípio, a ação boa apresenta-se aos nossos olhos como bela, e a má como repugnante. Todos os homens normais sentem aprovação pela pessoa que se sacrifica e cumpre o seu dever, e repugnância por quem pratica atos como o assassinato, o roubo ou a mentira. Talvez não saibam explicá-lo, mas todos percebem espontaneamente que é um mal não cumprir uma promessa, roubar, embebedar-se ou ser egoísta.

Mas esta aprovação ou repugnância depende muito de que se capte intuitivamente a ordem ou a desordem da ação. Quer dizer, *depende de que efetivamente o mau pareça feio e belo o bem.* Se as ações se apresentam disfarçadas, o sentido moral natural pode errar.

Imaginemos que um dia temos a triste oportunidade de assistir impotentes a um assassinato: estamos trancados e incomunicáveis num quarto e vemos pela janela um assassino esfaquear uma criança indefesa. Vemos o sangue, contemplamos o sofrimento da criança, ouvimos

3. A ORDEM DOS AMORES

os seus gritos... O horror dessa cena não desaparecerá nunca da nossa imaginação: não precisaremos fazer nenhum raciocínio para julgar que aquela ação é muito má. Entra pelos olhos.

Imaginemos agora que, no meio de uma imensa multidão que grita entusiasmada e divertida, assistimos num circo romano a um espetáculo habitual. Entre um número e outro, soltou-se um escravo para que lutasse com um leão; quando o leão o atacou, o escravo não soube o que fazer com o tridente e pôs-se a fugir em carreira desabalada, provocando risos da plateia. Provavelmente, se fôssemos um homem qualquer daquela época, riríamos com todos, enquanto o leão alcançava o escravo e o estraçalhava. Para aqueles homens, aquilo era um espetáculo normal. Tinham visto muitos outros escravos morrer assim ou de maneira parecida e não lhes causava nenhuma impressão especial: os escravos eram, então, seres de outra categoria, e nos próprios trabalhos domésticos eram castigados com dureza. Poucas pessoas refletiam, e muito menos no circo, se aquilo estava bem.

Para que o mal repugne e o bem atraia, é preciso ver claramente o que há de bom ou de mau. Se somos cidadãos acostumados a ver morrer escravos na arena do circo, provavelmente já não temos sensibilidade para perceber o que há de desumano nisso. Mas se, ao invés de vermos o espetáculo do escravo do alto da arquibancada, fôssemos seu amigo ou contemplássemos o desespero dos seus filhos, julgaríamos a situação de outro modo, mais próximo e humano.

Uma praga como o aborto, que consiste em algo tão antinatural e tão horrível como assassinar o próprio filho indefeso, espalha-se muitas vezes por força

MORAL: a arte de viver

da pressão social e simplesmente porque muitos não viram nunca como isso se faz: não viram como esses corpos eram despedaçados, a cara de horror e angústia que faziam... Basta contemplar a cena uma vez e ter um mínimo de sensibilidade para perceber que se trata de uma atrocidade. Precisamente por isso, tende-se a ocultar o horror dessa prática, disfarçando a realidade; assim, o sentido moral natural não reage. Não é a mesma coisa falar, por exemplo, de interrupção voluntária da gravidez ou de matar ou assassinar uma criança não-nascida. No primeiro caso, a realidade é disfarçada e vista muito de longe.

Para que a consciência julgue bem espontaneamente, tem que posicionar-se com toda a clareza diante das situações. E tem que intuir a ordem dos bens e deveres que está em jogo. Porque pode acontecer que tenhamos um conhecimento suficiente dos fatos, mas nos escape o que está em jogo.

A avaliação social exerce sobre cada pessoa uma influência muito grande, que muitas vezes modifica o sentido natural do que é bom ou mau. Nós, os homens, somos seres sociais e é muito difícil livrarmo-nos dessa pressão que costuma ser inconsciente. Todos os homens de uma época são parecidos: tendem a pensar, vestir e comportar-se de um modo semelhante; e tendem a avaliar as coisas da mesma maneira: com os mesmos acentos, com os mesmos preconceitos.

Imaginemos que certa noite se apresenta um sujeito na nossa casa e nos pede que assassinemos o filho da empregada. Se somos pessoas normais, acharemos essa proposta inaudita e espantosa. Imaginemos agora que, sentados à mesa do nosso gabinete no tribunal,

3. A ORDEM DOS AMORES

recebemos uma pasta cheia de processos para assinar: é a mesma pasta de todos os dias, com dúzias e dúzias de processos a que devemos apor a nossa assinatura. Enquanto os vamos assinando rotineiramente, sem sequer lhes dar uma vista de olhos, por nos parecerem todos iguais ou semelhantes, nem nos passa pela cabeça que podemos estar consentindo na execução de alguns traidores, malfeitores e inimigos — assim o pensamos — da sociedade que procuramos servir como funcionários. E pode acontecer que estejamos voltando para casa tranquilamente, depois de termos assinado o assassinato do filho da empregada.

O horror desse assassinato permanece encoberto porque não o vemos de perto, porque é uma prática geralmente aceita. A pressão social inclina-nos a aceitá--lo como uma coisa boa. É que a pressão social pode deformar o sentido moral até extremos aberrantes; assim aconteceu inúmeras vezes na história. É necessária uma sensibilidade moral muito grande para não cair naquilo em que tantos caíram antes de nós.

Como vemos, o sentido moral natural indica-nos espontaneamente o que é bom ou mau, mas só quando percebemos com clareza a razão pela qual uma coisa é boa ou má. Existem muitas circunstâncias em que isto não é tão fácil. O juízo da consciência é muito delicado: depende muito da educação e da experiência. A consciência precisa de uma educação delicada. Para julgar bem, tem necessidade de basear-se em princípios e de conhecer com profundidade o sentido natural dos diversos atos humanos. Numa palavra, tem de saber quais são os bens e deveres que entram em jogo.

MORAL: a arte de viver

O decálogo

O saber moral é um saber difícil. Nenhum homem pode alcançá-lo em plenitude por si mesmo, porque ninguém consegue possuir toda a experiência necessária. *Nenhum homem pode conhecer por si só o sentido e o alcance de todas as ações humanas. Precisa da experiência moral de outros para formar a sua consciência.* Normalmente, recebemos a educação moral da cultura em que nos movemos.

Mas isto tem os seus problemas. O comportamento humano é um assunto tão complexo e tão delicado que são frequentes as perplexidades, as imprecisões e os erros. Na verdade, existem, como vimos, divergências entre as formulações morais das diferentes culturas.

Por essa razão, existe também *uma moral revelada.* Nós, os cristãos, cremos que Deus quis comunicar aos homens os princípios morais mais importantes, para que estejam ao alcance de todo aquele que os queira possuir: para que muitos, facilmente e sem mistura de erro, possam alcançar a verdade sobre os princípios fundamentais que regem a vida humana.

Em grandes traços, esse ensinamento moral está condensado no *Decálogo,* nos Dez Mandamentos. O próprio Deus os entregou a Moisés, para que os transmitisse ao povo judeu e constituíssem o seu código moral e o testemunho da sua aliança com Ele.

Por um erro de perspectiva, pode haver quem não entenda esse gesto. Os que pensam que a moral é um assunto privado podem interpretá-lo como uma intromissão inaceitável, ainda que tenha provindo de Deus. Mas trata-se de um erro de enfoque. A moral não

3. A ORDEM DOS AMORES

é assunto privado. Baseia-se na verdade das coisas e consiste em empregar a liberdade de um modo digno do homem. Ser ajudado na tarefa de conhecer a verdade não é uma ofensa.

O ensinamento da lei não coage a consciência, antes a ilustra e lhe permite julgar com rapidez e segurança. É preciso agradecer a Deus por essa luz que nos guia. Deus, que é o criador de todas as coisas e quem melhor conhece o coração humano, é o mais indicado para ensinar o que convém ao homem.

Nos Dez Mandamentos, resumem-se os princípios fundamentais que regem a vida humana. Deus quis expressá-los de uma maneira conveniente para o povo que tinha diante de Si. Por isso, a sua formulação é muito simples, ao alcance de todos. No entanto, encerram de maneira suficiente a sabedoria da vida.

Os três primeiros Mandamentos referem-se ao relacionamento com Deus e são:

I. Amar a Deus sobre todas as coisas.
II. Não tomar seu santo Nome em vão.
III. Guardar domingos e festas.

É importante enfatizar a enorme força do primeiro e principal mandamento, que é o eixo de toda a moral. Como se pode ver, os Mandamentos não são um conjunto de proibições, antes pelo contrário, têm como guia este objetivo moral tão elevado e absoluto: "amar a Deus sobre todas as coisas".

Depois, vêm os outros sete, em que se detalham esquematicamente as obrigações que temos para com os outros:

MORAL: a arte de viver

IV. Honrar pai e mãe: é um preceito que, no seu sentido mais amplo, fala do respeito que merecem todos os que estão constituídos em autoridade, e da veneração que se deve aos pais.

V. Não matar: é, resumidamente, a proibição de causar qualquer mal à pessoa física e moral do próximo.

VI. Não pecar contra a castidade: é a proibição de fazer um uso desordenado da sexualidade.

VII. Não furtar: manda-se viver a justiça nas relações com os outros.

VIII. Não levantar falso testemunho: pede-se que vivamos na verdade e falemos sempre com verdade.

IX. Não desejar a mulher do próximo: proíbem-se os maus desejos e pensamentos.

X. Não cobiçar as coisas alheias: proíbe-se o desejo de tirar aos outros os seus bens ou de adquiri-los injustamente.

Trata-se de um código simples, preparado para que pudesse ser aprendido de cor por aquele povo. Mas aí está tudo. Toda a moral pode ser compendiada nesses dez preceitos, e até resumida ainda mais, em apenas dois. Conforme narra o Evangelho de São Mateus (22, 34), quando Cristo foi interrogado sobre estes Dez Mandamentos, respondeu que se resumiam em: *amar a Deus sobre todas as coisas e o próximo como a nós mesmos.* "Amar a Deus sobre todas as coisas" é o compêndio dos três primeiros mandamentos do Decálogo e "amar o próximo como a nós mesmos", o compêndio dos sete seguintes.

Entre os Mandamentos, há preceitos formulados positivamente e que expressam *o que é preciso fazer.*

3. A ORDEM DOS AMORES

E outros que têm uma formulação negativa e dizem *o que se deve evitar.* Os positivos ilustram os deveres elementares: como amar a Deus ou cuidar dos pais. Os negativos rejeitam condutas que prejudicam os bens alheios ou que constituem uma desordem quanto aos bens próprios.

Os preceitos negativos delimitam "por baixo" o campo da moral. Mas a moral não consiste simplesmente em evitar o mal; este é apenas o *limiar mínimo.* A moral consiste, sobretudo, em fazer o bem, e tem umas dimensões inesgotáveis. Os preceitos positivos ensinam em que consiste a perfeição humana e permitem propô-la como horizonte de vida. Estes Dez Mandamentos ensinam-nos que se alcança a plenitude humana quando se chega a amar a Deus sobre todas as coisas e o próximo como a nós mesmos. Esta é a ordem dos amores do homem.

4. A FRAQUEZA HUMANA

Experiências da fraqueza

"As morais aceitas entre os seres humanos podem diferir — embora, no fundo, não tão amplamente como se afirma com frequência —, mas todas elas estão de acordo em prescrever uma conduta que os seus fiéis não conseguem praticar. Todos os homens estão condenados por igual, e não por códigos de ética alheios, mas pelos seus próprios códigos. Portanto, todos são conscientes de terem culpa" (O *problema da dor*, Introdução). C.S. Lewis expressa assim esta experiência universal: todos os homens são pecadores, todos violam as suas convicções morais; repetidas vezes não fazemos o bem que sabemos que deveríamos fazer e não evitamos o mal que sabemos que deveríamos evitar.

Isto fala-nos de um dos mistérios mais desconcertantes da psicologia humana. *O simples fato de se ter um código moral ou um ideal de vida não é suficiente para vivê-lo.* Não basta tentar consegui-lo, ainda que se faça com muita convicção. Todos os homens acabam por trair, pouco ou muito, os seus princípios e os seus ideais: ninguém é completamente fiel; todos temos uma cisão, maior ou menor, entre o que somos e o que deveríamos ser. "Todos sentimos a nossa vida real — diz Ortega y Gasset — como uma essencial deformação, maior ou menor, da nossa vida possível" (em *Goethe por dentro, Obras Completas,* IV, 402).

MORAL: a arte de viver

Temos a experiência habitual — fortíssima — da nossa liberdade: pensamos, decidimos, movemo-nos, vamos para onde queremos. No entanto, muitas vezes nos propomos fazer uma coisa que nos custa um pouco e depois não a fazemos. Há quem se proponha com muita decisão deixar de fumar, ou seguir um regime alimentar, ou dedicar diariamente um tempo a algum exercício físico, e depois não o faz. Isto acontece com todos nós e muitas vezes. E não é que tenhamos mudado de opinião e não queiramos fazer o que antes queríamos. É que, simplesmente, sem que seja fácil saber por que, não fazemos o que nos propusemos ou o que deveríamos fazer.

Não é que percamos a liberdade; é que antes parece que não queremos que atue por completo, como se não a deixássemos chegar até o fim. Porque a experiência *não é que não possamos* fazer o que nos tínhamos proposto, mas que temos *um obscuro não-querer*, um querer incompleto, um lançar-nos para trás. É um querer esvaziado da sua força original; ou, quando se trata de algo que não devíamos fazer, um não querer que acaba por ser cúmplice do desvio. Mas não é uma experiência de ausência de liberdade: não é que não sejamos livres. Trata-se, por assim dizer, de experiências livres de fracassos consentidos.

Na verdade, quem fuma quando tinha decidido não fumar, ou não respeita o regime alimentar que tinha decidido guardar, sabe que se contradiz livremente. Salvo casos patológicos de ausência de vontade, não é que não possa cumprir o que resolveu; é que, de certo modo, não o quer cumprir. *Queremos livremente contradizer-nos.* É uma experiência de desagregação, de incoerência, de ruptura interna. Esta é a experiência da fraqueza humana:

4. A FRAQUEZA HUMANA

de querer e não querer, de não querer e querer. É como se alguma coisa estivesse quebrada dentro de nós.

Esta é a fraqueza humana, que não tira a liberdade, mas a desconcerta. É a fraqueza de um ser que permanece livre. Por isso, ainda que todos os homens sejam fracos, alguns deixam-se arrastar mais e outros menos; alguns reagem imediatamente e outros não. Até na vida de uma mesma pessoa podem ocorrer épocas de desleixo, em que se cede muito e tudo vai por água abaixo, e épocas em que se combate o desleixo e se triunfa em certa medida, embora nunca por completo.

A fraqueza é uma realidade com a qual é preciso contar. Provavelmente, se existisse um tratamento simples para evitá-la, todos o seguiríamos. É uma experiência desagradável e até humilhante esse repetitivo não sermos capazes. Mas não existe outro tratamento para a fraqueza senão vencer em cada caso.

Como já dissemos, a vida consciente do homem é de tal natureza que todos os atos livres deixam rastro. Cada desistência aumenta essa fraqueza e cada vitória a diminui. Cada fracasso aumenta a nossa desagregação e a nossa incoerência. A tal ponto que uma história de fracassos repetidos pode chegar a privar-nos praticamente da liberdade. Em alguns campos, isso é muito patente, como por exemplo quando se adquire o vício das drogas ou do álcool. Em outros, não é tão aparatoso, mas não é menos real, como no caso de alguém que se habitua a viver como um vagabundo.

A fraqueza é companheira da vida humana. É o cupim da liberdade interior, que, como acontece com algumas madeiras maltratadas, acompanha os móveis desde a sua origem. Tira-nos forças para fazer o que devemos e, se

MORAL: a arte de viver

deixamos que cresça, destrói-nos lentamente. Todo um capítulo da moral consiste em mantê-la sob controle.

As três frentes da fraqueza

O que é que faz com que a nossa liberdade não funcione bem? O que é que nos torna fracos? O que é que nos leva a fazer o que não quereríamos fazer ou nos impede de fazer o que tínhamos resolvido fazer? Basta olharmos um pouco para dentro de nós para encontrarmos as causas. Em todos os homens, são as mesmas, com pequenos matizes.

Fazemos o que não queríamos fazer porque os bens nos arrastam mais do que é devido: deixamo-nos levar por eles e queremo-los desordenadamente, isto é, quando, como, ou numa medida em que não os deveríamos querer.

É ainda mais fácil descobrir a causa interior da outra vertente: não fazer o que tínhamos de fazer. A causa é que todo o esforço nos desagrada. A isto se chama singelamente preguiça. O amor excessivo pelos diversos bens e a preguiça são as causas interiores da fraqueza.

Mas existe outra causa externa, que é a pressão exercida sobre nós pelo ambiente. Essa pressão condiciona a nossa liberdade: coage-nos e leva-nos a fazer o que não queríamos ou a não fazer o que queríamos. A pressão social tem, em muitos casos, um efeito benéfico e educativo: ensina-nos a comportar-nos como os outros e reprime comportamentos excêntricos e antissociais; mas, outras vezes, tem um efeito maléfico, quando violenta a nossa consciência ou nos leva a agir contra ela.

4. A FRAQUEZA HUMANA

Vejamos agora com um pouco mais de vagar essas três frentes da nossa fraqueza: a) a atração desproporcionada dos bens; b) a preguiça perante os deveres; c) a pressão social.

a) O que é próprio dos bens é atrair. E é bom que seja assim, porque nos ajuda a buscar os bens que nos tornam melhores. Mas acontece que, com frequência, atraem mais do que é devido e pressionam a nossa consciência: enganam-nos sobre o que podem oferecer-nos e criam expectativas excessivas; fazem-nos estar pendentes deles e açambarcam inteiramente as nossas capacidades.

Em alguns casos, são os instintos que nos impulsionam com uma paixão desproporcionada, quase irresistível, para os bens primários — a comida, a bebida, o sexo, o conforto, a saúde. Em outros, a desordem nasce da inclinação que sentimos pelos bens a que nos afeiçoamos, como o trabalho, o dinheiro, a posição, o esporte. Uns e outros atuam com muita força sobre os nossos sentimentos e, quando estão em jogo, não somos capazes de julgar com objetividade.

Assim deseducamos os nossos sentimentos. Cada concessão à desordem produz um efeito de realimentação. Cresce a inclinação desordenada por esses bens; reforça-se o costume de ceder e tem-se menos força para lhe pôr limites. O logro cresce: espera-se sempre com maior avidez alguma coisa que dá cada vez menos. Ao ponderarmos as coisas — o que é bom ou mau —, a voz desses bens tende a tornar-se hegemônica: afoga as outras vozes, violenta a consciência, puxa pela vontade e faz-nos atuar com precipitação.

MORAL: a arte de viver

Todos os bens, menos os mais altos, podem chegar a ser amados excessivamente, se não estiverem submetidos à medida da razão. Pode-se adquirir uma paixão desordenada pelo prestígio, pelo trabalho, pela música, pelo esporte, pelo colecionismo e por qualquer outro bem.

Alguns têm um poder de atração especial, como acontece, por exemplo, com os jogos de azar, a bebida ou a droga. Uma pessoa que tenha chegado a afeiçoar-se à cerveja sabe por experiência que não é capaz de raciocinar bem quando está de permeio uma garrafa. A partir do momento em que a imagem da garrafa se incrusta na sua imaginação, a simples possibilidade de beber ganha forças imediatamente e apodera-se dela em ondas sucessivas, a ponto de não a deixar pensar em outra coisa. As outras vozes são obrigadas a calar-se, a consciência fica obscurecida, a vontade debilitada, e a pessoa cede. É assim que a paixão se apodera de nós.

Só se conserva a liberdade de decisão, a capacidade de tomar decisões justas, quando se consegue manter sob controle a atração desproporcionada dos bens, todas essas paixões desordenadas. Para isso, é necessário respeitar estritamente a ordem devida na tomada de decisões. É necessário conseguir que esses bens ocupem o seu lugar na escala de bens e deveres. Não existe maior bem para o homem — já o dissemos — que conseguir esse equilíbrio. Um homem que não controla as suas paixões vive arrastado como marionete nas mãos dos seus desejos.

Como vimos, o mal está em não saber guardar a medida e a ordem dos amores. Nem o dinheiro, nem o sexo, nem a comida, nem o bem-estar, nem o jogo, nem

4. A FRAQUEZA HUMANA

o esporte, nem o colecionismo, nem qualquer das coisas que citamos são más em si mesmas: é lógico, porque ninguém pode querer o mal no que tem de mal. São bens (alguns, como é o caso das drogas, só num certo sentido, enquanto produzem estados de euforia etc.). O mau é a desordem com que são queridos.

b) A outra direção da fraqueza interna é a *preguiça:* a tendência a *fugir dos deveres,* o desgosto pelo esforço que o cumprimento das obrigações reclama. São os sentimentos que protestam e resistem ao esforço que a inteligência lhes exige. O dever traz-nos, com muita frequência, preguiça; e é a causa de tantas desculpas, de tantos atrasos, de tantas desistências, de tantas "marretagens".

É um componente habitual da nossa vida. Diminui a eficácia de todos os trabalhos. Em todos os compromissos humanos, sempre existe uma porcentagem de descumprimento que é preciso atribuir à mordida da preguiça. Tudo o que custa — e quase tudo custa — acaba por sair pior do que o previsto.

A preguiça faz-se sentir logo que aparece a necessidade de esforço: quando diminui o gosto pela novidade, quando os trabalhos se prolongam, quando se nota a resistência das coisas. Ataca especialmente quando o cumprimento do dever é difícil, quando é acompanhado de poucas satisfações, quando é monótono. Custa esforço começar e custa esforço acabar o começado: são dois momentos especialmente importantes.

Pode-se dizer que *a eficácia da vida de um homem tem muito a ver com a sua capacidade de vencer a preguiça.* As coisas importantes custam e, se são muito importantes, custam muito. Não existe nada de grande nesta vida que

MORAL: a arte de viver

não custe esforço. Só aquele que é capaz de vencer-se consegue realizar algo que valha a pena.

Com frequência, não se dá a este defeito a devida importância na vida moral, porque tem um aspecto inofensivo: parece que não fazer algo bom é menos grave que fazer algo mau, mas a verdade é que ocasiona muitos males na vida das pessoas e das sociedades. A preguiça é causa de uma infinidade de injustiças. Por preguiça, a autoridade não intervém quando deveria intervir ou não presta o serviço que deveria prestar. Por preguiça, o mestre não ensina o que deve nem corrige o que deveria corrigir. Por preguiça, as administrações dos Estados e das comunidades se oxidam, eternizam-se os trâmites burocráticos, as leis tornam-se inoperantes, reduz-se a produtividade das empresas etc., etc.

Junto com a desordem das paixões, a preguiça é a causa de que o mundo seja tão diferente de como deveria ser. E também é a causa de que cada pessoa seja diferente do homem ideal que poderia ter sido.

A preguiça causa mais prejuízos nas esferas da atividade humana em que existem menos aliciantes para o benefício pessoal. A ambição e o proveito pessoal, a busca dos interesses próprios, é um eficaz corretivo da preguiça, embora não seja nobre nem moral. Por isso, a preguiça manifesta-se com maior força nas atividades que devem ser desinteressadas: a ajuda aos outros, os serviços não remunerados etc. Eis por que prolifera de maneira especial na atividade pública, na administração dos Estados e das sociedades, na burocracia que é paga simplesmente por ocupar um posto. Os que dependem de que os seus clientes estejam satisfeitos têm um estímulo para o seu trabalho; os que os atendem simplesmente

4. A FRAQUEZA HUMANA

por obrigação precisam de maior motivação para vencer a preguiça.

A doutrina liberal pensa que esta tendência humana só pode ser corrigida se se estimula a busca do benefício próprio. Isto quer dizer que, efetivamente, pode ser conveniente usar o estímulo do benefício pessoal para melhorar o rendimento de cada homem: um serviço bem pago costuma ser mais bem executado do que outro que se remunera mal. Em todos os homens, há um interesse legítimo em alcançar determinados bens; e, se é bem encaminhado, esse interesse serve para vencer a preguiça.

No entanto, a moral cristã sustenta que o verdadeiro corretivo da preguiça — e o único verdadeiramente nobre — é o espírito de serviço: a firme decisão de orientar a atividade pessoal em serviço dos outros. Sem discutir o princípio de que o benefício próprio é um mecanismo da vida social que é preciso levar em conta, a moral cristã pensa que uma sociedade humana tem de ser governada por critérios morais, próprios da dignidade do homem. Organizar uma sociedade tendo como princípio fundamental unicamente o proveito pessoal é organizar uma sociedade com o mesmo princípio de convivência que se pratica entre os ratos.

c) Além destas duas frentes interiores da fraqueza, existe outra frente exterior chamada *pressão social*; também pode ser designada por "respeitos humanos" ou medo do ridículo. É a pressão que agrava a nossa timidez, que nos leva a comportar-nos de acordo com os gostos das pessoas que nos veem, que faz temer o que pode "cair mal" nos outros.

MORAL: a arte de viver

O ambiente humano, as opiniões, os modos de pensar, os modelos, os costumes do nosso meio têm um impacto enorme sobre a nossa conduta, provavelmente muito maior do que imaginamos. Não falamos agora da influência que recebemos por educação ou da que exerce um modo de pensar ou de agir que quisemos incorporar conscientemente na nossa vida. Falamos dessa pressão, inconsciente a maior parte das vezes, que o meio exerce sobre nós, como se se tratasse de uma força alheia e estranha.

É uma pressão muitas vezes impessoal e pouco definida. Não é que alguém queira impor-nos deliberadamente alguma coisa; mas, na prática, agimos como se fôssemos obrigados por uma força coativa. Não se trata do medo ou do respeito à lei ou a autoridade legítimas, que são coações externas saudáveis, positivas e, geralmente, necessárias para a vida social; mas da violência impessoal que procede de leis não escritas e de autoridades não reconhecidas, que às vezes nos dominam sem que cheguemos a notá-lo.

Sem perceber, todos os homens tendem a ser filhos do seu tempo: pensamos da mesma forma, vestimos da mesma maneira, gostamos das mesmas coisas; temos as mesmas manias, os mesmos ídolos e os mesmos demônios. Tendemos a pensar que é bom o que todos dizem que é bom, e mau o que todos dizem que é mau; e temos um medo instintivo de proceder ao contrário, de fazer o que está malvisto ou de não fazer o que está bem-visto. Às vezes, não existem outras razões para explicar o nosso modo de pensar ou a nossa conduta que a de que *todos fazem o mesmo ou todos pensam assim*. O ambiente exerce sobre nós uma coação enorme.

4. A FRAQUEZA HUMANA

Experimenta-se essa pressão tanto nos grupos grandes como nos pequenos. Sentimo-la como uma violência impessoal que nos impede de mostrar o nosso verdadeiro ser e, talvez, a nossa divergência íntima com o que o meio pensa ou diz. É a coação, por exemplo, que nos empurra a rir de um modo forçado, diante dos outros, de uma piada que ofende as nossas convicções. É a pressão que nos faz calar e sentir-nos envergonhados dos nossos princípios, da nossa religião, da nossa raça, da nossa origem, da nossa profissão, da nossa família ou dos nossos amigos. É a violência que leva a condescender com o capricho de um superior, mesmo quando percebemos que é injusto ou inadequado. É a coação que nos faz temer sustentar uma opinião diferente da maioria num assunto que poderia levar os outros a troçar de nós ou a pôr-nos em ridículo. É o temor de ser apontado com o dedo, de ser marcado com algum apelido, de ser objeto de zombaria ou de desprezo, de ficar só, de ser isolado.

Trata-se de uma violência irracional que condiciona a nossa liberdade. Importa descobrir os seus efeitos concretos na nossa vida para lutar contra ela. Não é questão de resistir ao ambiente pelo simples gosto de ser diferente: isto seria esnobismo. Quando todos se inclinam numa direção, é muito possível que haja fortes razões para isso; seria uma estupidez ser "do contra" por princípio. Às vezes, porém, não existem tais razões, apenas manias. Nesse caso, não se deve permitir que se imponham na nossa consciência, porque seria deixar-se levar por motivos irracionais. É necessário sabermos proteger a liberdade da nossa consciência. Não podemos permitir que o irracional condicione a nossa liberdade.

Um esforço de superação

Nas suas três manifestações, a fraqueza é companheira inseparável da vida humana. Por isso é preciso combatê-la, é preciso mantê-la na linha e é preciso reparar as sequelas das cessões, pequenas e grandes, que se acumulam na nossa história pessoal.

O homem tem necessidade de treino para poder vencer e resistir, como o esportista precisa de treino para correr uma maratona. A maratona é uma prova dura e longa, em que é preciso aprender a dominar a dor e a vontade de desistir. A vida também é, de algum modo, longa, e também é necessária fortaleza de ânimo para levá-la com garbo.

Para vencer a fraqueza nas suas três manifestações, é necessário, pois, *um clima de luta desportiva:* um esforço sustentado para superar-se, para melhorar as marcas, para reparar as falhas. E para isso, para sermos capazes do mais, é preciso que nos eduquemos no menos. Justamente porque os bens nos atraem muitas vezes, com uma força desproporcionada, temos de esforçar-nos por enquadrá-los numa certa medida e ordem. Temos de evitar que essa atração falsa acabe por enganar-nos, por introduzir-se na nossa imaginação, e venha a multiplicar-se e absorver a nossa psicologia.

Quem queira fazer uma dieta terá que evitar pensar durante o dia todo na comida, e terá que evitar também as circunstâncias que lhe tornam mais difícil cumprir o que se propôs: seria tolo tentar consegui-lo tendo sobre a mesa uma caixa de bombons. A este princípio de senso comum chamamos *fugir das ocasiões*. E o que acontece no caso do regime de comida, acontece com

4. A FRAQUEZA HUMANA

tudo. Quem vê que se está afeiçoando à bebida tem de esforçar-se por cortar com essa inclinação, mortificando--se muitas vezes e evitando as ocasiões de beber. É muito difícil resistir a essa tendência acariciando uma garrafa de cerveja.

Quem tem a sua afetividade já comprometida — porque se comprometeu a amar para sempre uma pessoa, como acontece no casamento — tem que resistir aos movimentos de afeto que o inclinam para outras pessoas: tem de saber reduzi-los e também evitar as ocasiões. De um relacionamento contínuo e afetuoso pode nascer uma paixão tão impetuosa que não se saiba dominá-la e que acabe por arrasar tudo. Uma paixão que não se dominou a tempo pode ser a origem de graves injustiças, de grandes desgraças e de muitos remorsos; um romantismo ingênuo pode ser a causa de uma tragédia lancinante. Pensar de outro modo seria desconhecer os mecanismos reais da fraqueza humana.

Quando se é mais jovem — e mais ingênuo — vê-se com maus olhos este *fugir* e este *evitar as ocasiões*. Parece uma atitude covarde: pouco decorosa e pouco romântica. Pensa-se — ingenuamente — que é melhor resistir. Mas isso é assim porque não se tem experiência suficiente de como são profundas as brechas da fraqueza humana. Todos os recursos podem ser poucos para vencer.

Para vivermos com liberdade sem sermos arrastados pela desordem das paixões, *precisamos de todas as forças da vontade e também de todos os recursos da inteligência, incluídos os truques.* Os *truques,* sim: quem não saiba enganar-se um pouco para fazer o que deve facilmente será enganado para fazer o que não deve ou para não fazer nada.

MORAL: a arte de viver

Consegue-se vencer o puxão das paixões desordenadas se não se permite que cresçam, que invadam e se apoderem das molas da nossa psicologia (sobretudo da imaginação), se se cuida de mantê-las dentro dos limites convenientes. E como muitas vezes elas transpõem essas barreiras e invadem o que não deveriam, é preciso recuperar terreno. As fraquezas têm de ser cuidadosamente reparadas, se se quer manter a liberdade em face desses impulsos.

Por isso, muitas vezes convém não satisfazer o que os sentimentos pedem, mesmo que seja bom: isso serve-nos de treino. Não beber sempre e tudo o que nos apetece é um treinamento eficaz que fortalece a vontade e protege a liberdade interna. E o mesmo se passa em todos os demais terrenos: é muito bom privar-se de alguma coisa nas refeições (comer um pouco menos, não servir-se disto ou daquilo que se deseja, comer até o fim o que não se deseja etc.); dominar a curiosidade; negar-se a satisfazer pequenas comodidades; abster-se de caprichos, de gastos desnecessários; respeitar a ordem de atividade que se fixou previamente; fazer primeiro o que é mais importante, mesmo que seja mais desagradável etc.

Não se trata de negar-se em tudo e sempre, mas de buscar em tudo a medida justa e, às vezes, apertar-se um pouco mais, precisamente porque em outras ocasiões se cedeu. No fundo, é o mesmo enfoque daquele que quer estar em boa forma e não engordar: tem de controlar-se; habitualmente, deve comer um pouco menos daquilo de que mais gosta e apertar-se mais depois que, em alguma ocasião, passou da risca na comida. O *costume de impor a si próprio medidas justas e de apertar-se para recuperar o que se cedeu educa os sentimentos e protege a liberdade.*

4. A FRAQUEZA HUMANA

As outras manifestações da fraqueza — a preguiça e os respeitos humanos — têm um tratamento semelhante. É muito difícil vencer a preguiça e os respeitos humanos se nos deixamos invadir pelos seus argumentos, se permitimos que vagueiem pela nossa cabeça, se deixamos que as nossas decisões se debilitem e as mudamos: é preciso determinação para fazer imediatamente o que vimos que é preciso fazer, sem nos permitirmos desculpas, sem nos permitirmos reformulações, sem fazermos vista grossa aos atrasos, a menos que tenham sido previstos.

Na realidade, poder-se-ia resumir toda esta luta contra a fraqueza num só princípio: *tratarmo-nos com dureza*. Não com a dureza irracional de um louco ou de um masoquista, mas com a dureza racional, deliberada, estudada, equilibrada, com que se trata um esportista profissional que quer chegar a vencer. Da mesma maneira que o esportista se propõe marcas progressivas para ir ganhando um centímetro após outro, em altura ou longitude, ou um minuto de marca na corrida, trata-se de estabelecer pequenas metas que estejam sempre um pouco mais além. É travar uma luta constante, mas serena, amável e simpática, como o é a do esportista.

Deste modo, chega-se ao costume de vencer-se: de vencer as paixões desordenadas, de vencer a preguiça e de vencer a pressão social. Estes costumes estáveis de vencer-se nos três aspectos da fraqueza são o que chamamos *virtudes*: educam os sentimentos, protegem a liberdade e ajudam-nos a agir bem. As virtudes dão eficácia e beleza à vida e tornam o homem bom.

As virtudes ou costumes que levam a moderar a excessiva atração pelos bens reúnem-se na *temperança*. Temperança vem de "temperar", que significa dar têmpera,

MORAL: a arte de viver

textura, equilíbrio, serenidade. E, efetivamente, é isto o que se alcança quando se põe ordem no mundo dos sentimentos e desejos. Dentro da temperança, chama-se *sobriedade* ao saber moderar-se na comida e na bebida; e *castidade* ao saber controlar o desejo de prazer sexual.

Mas existem mais coisas que precisam ser ordenadas, porque, como dissemos, todos os bens, exceto os mais altos, podem chegar a atrair com uma força desordenada. É preciso pôr limites ao desejo de trabalhar, à ambição de subir, aos *hobbies,* ao esporte, ao costume de ver televisão etc. Tudo precisa submeter-se à medida da razão para ser verdadeiramente humano. Nenhum bem é bom se não passa por aí, se não recebe da razão a sua medida, a sua forma e o seu momento.

A virtude que leva a vencer as dificuldades tanto interiores (da preguiça) como exteriores (do ambiente) chama-se *fortaleza.* É a capacidade de enfrentar e suportar as dificuldades com firmeza. Quando se trata de vencer a preguiça, costuma-se chamar-lhe *força de vontade,* e quando se trata de vencer a coação externa, o medo do ridículo ou a timidez, chama-se-lhe *valentia.* O poeta Max Jacob sublinha: "A fortaleza é a base de todas as virtudes. É uma das virtudes mais úteis. A coragem conduz a tudo, à excelência, ao sucesso material, à santidade, à inteligência. Não é só nas grandes circunstâncias que se pode mostrar coragem. É necessária coragem para sair da cama, vestir-se, permanecer limpo, perseverar na introspeção, aplicar-se a um trabalho. Coragem para ser bom, paciente, zeloso, caritativo e evitar o que desagrada a Deus" (*Conselhos a um estudante,* 1976, 76).

Passar a vida neste nível de exigência pode parecer incômodo ou cansativo, mas trata-se de um estupendo

4. A FRAQUEZA HUMANA

e belo modo de viver. Na realidade, é o único estilo de vida coerente com a própria vida, que é sempre luta, esforço por manter-se. Sem luta, não há vida e, sem essa luta que descrevemos, não há liberdade.

As sequelas do pecado original

A fraqueza humana não é uma ferida tão superficial como pode parecer à primeira vista. É uma rachadura que desce muito mais abaixo do que poderíamos imaginar; pode-se dizer que o homem é *um ser intimamente danificado*.

Essa rachadura aumenta com as falhas e claudicações pessoais, e repara-se em boa parte com esse regime esportivo de vida de que acabamos de falar. Mas o problema não pode ser solucionado com algumas poucas receitas; a rachadura não pode ser reparada com um tratamento superficial. A incoerência permanece por baixo e dá frutos amargos na vida humana. A desordem brota com a teimosia de uma erva má cuja raiz não foi possível arrancar por completo.

A mente não consegue compreender por que somos tão diferentes de como deveríamos ser. Tem a impressão de que tudo é questão de pensar e tomar decisões. Mas a experiência pessoal e coletiva demonstra que não: a razão nunca se impõe com perfeição, nem na vida pessoal, nem na social, nem na história dos povos. Não é só uma questão de conhecimentos e de educação, como defenderam os "ilustrados" dos últimos séculos. A "razão" ilustrada não conseguiu fazer desaparecer da terra, nem sequer dos países mais avançados, as sequelas do absurdo. A história humana está salpicada de conflitos irracionais

MORAL: a arte de viver

e de horrores. E não se deve pensar só na dureza de algumas civilizações do passado. A nossa época conheceu atrocidades que não encontram comparação em toda a história, nem pelo número de pessoas atingidas, nem pela sua intensidade. Isso apesar dos inegáveis progressos nos diversos aspectos da cultura, ciência, técnica e economia. Por que a civilização e a cultura não conseguem arrancar as más raízes da desordem humana?

Alguma coisa não funciona. Alguma coisa está rachada dentro de nós. Existe uma fenda interior que não se consegue reparar e que tem efeitos individuais, coletivos e culturais. A razão só pode observar essa estranha persistência do absurdo, mas não é capaz de resolvê-la. A doutrina cristã põe o dedo na chaga. Fala-nos de um mistério: do *mistério de um pecado original,* um vício de origem que danifica a nossa condição humana e que recebemos junto com ela. A nossa natureza, o nosso modo de ser — o de todos os homens — está ferido desde o princípio.

Esse pecado de origem é realmente um *mistério:* algo difícil de ser compreendido e aceito pela nossa razão. Mas, sem ele, não se consegue explicar o que acontece com o homem; ao passo que, com ele, se descobrem algumas luzes que ajudam a compreender o que acontece e a por-lhe remédio. Como disse Pascal: "O homem é mais incompreensível sem este mistério do que este mistério é inconcebível para o homem" (*Pensamentos,* 131, *in fine*).

A revelação cristã fala de pecado porque não se trata apenas de uma falha técnica, como seria se nascêssemos com um osso entortado, por exemplo. É uma ferida moral, que afeta a relação do homem com a verdade

4. A FRAQUEZA HUMANA

e o bem; uma estranha e persistente inclinação para a incoerência, para o mal, para não fazer o que se deve e fazer o que não se deve. Algo absurdo porque é ilógico e, por isso, impensável, mas real e persistente. A tradição cristã esquematiza *os efeitos permanentes desse pecado original* e os distribui em *quatro rupturas:* a) com Deus; b) consigo mesmo; c) com os outros homens; d) com o conjunto da natureza.

a) A *ruptura com Deus* manifesta-se na dificuldade que temos de entrar em contato com Ele. Por um lado, obscurece o conhecimento que podemos alcançar de Deus; por outro, provoca uma estranha tendência a fugir dEle. T.S. Eliot descrevia-o dizendo que o ser humano não consegue suportar "demasiada realidade". De certo modo, Deus assusta-nos; é como se a sua presença se tornasse incômoda por ser excessiva ou porque se nota que é muito exigente; é um certo receio que nos faz preferir permanecer na sombra do anonimato. No relato bíblico do pecado original, conta-se que Adão e Eva, depois do pecado, se envergonharam e se esconderam de Deus. Trata-se de uma tendência irracional que, além disso, contradiz a inclinação íntima do homem para a plenitude e a felicidade, que só pode encontrar em Deus.

b) A *ruptura interior do homem consigo mesmo* tem múltiplas manifestações. Manifesta-se, por exemplo, nessa estranha e tosca facilidade que temos para nos enganarmos e nos deixarmos enganar quanto ao que devemos fazer. E nessa falta de união do nosso espírito com os nossos sentimentos que já mencionamos: na facilidade com que os sentimentos se desordenam, dominam a

MORAL: a arte de viver

vontade e obscurecem a consciência; na fraqueza da vontade para impor as suas decisões e conseguir levá--las a cabo. Experimentamos todas estas disfunções na nossa consciência. Por ela sabemos o que significa a incoerência.

c) O pecado original manifesta-se também na *divisão entre os homens*. A par da capacidade que temos para nos entendermos, aparece perseverantemente, como uma erva daninha, uma enorme facilidade para os mal-entendidos. E isto acentua-se com a proximidade. As relações entre os parentes, os vizinhos, envenenam-se com facilidade: domina-nos o espírito de mexerico, que nos faz ter um gosto estranho (e perverso) em tornar a vida dos outros mais difícil; custa-nos perdoar e acumulamos e vingamos as ofensas que nos fazem. Não existe relacionamento humano, por mais sublime que seja — de amizade ou de amor familiar — que não precise combater com perseverança esta tendência perversa. Na convivência social, chega a ter umas sequelas gigantescas (ódios, rancores, manias, invejas, difamações) e atua na história sem cessar: nunca faltaram mal-entendidos, ódios e guerras entre os homens. Na Bíblia, essa inclinação para desentender-se, opor-se e separar-se está simbolizada em Babel: o lugar onde as línguas se confundiram e os homens se separaram. Em toda a sociedade humana aparece sempre o *rastro de Babel*.

d) Por último, existe também uma *ruptura do homem com o conjunto da natureza*. Esta ruptura faz com que a natureza se apresente, às vezes, como *inóspita*, e seja maltratada. E manifesta-se também no próprio ser do homem, nas

4. A FRAQUEZA HUMANA

doenças, na dor e na morte: o homem desfaz-se, sem conseguir conservar a saúde do seu corpo, apesar das suas aspirações de plenitude e sobrevivência.

Estas quatro rupturas não são simplesmente *falhas*. Têm um pano de fundo maligno. Com efeito, nas suas manifestações mais duras, aparece a *perversidade;* não apenas o erro teórico ou prático sobre o que é bom, mas a perversão: a inversão da pirâmide da realidade, a inversão da verdade, do bem e da beleza. De vez em quando, como que por baixo, mas constantemente na História, aparecem o obscurecimento interesseiro da verdade e o culto à irracionalidade; aparecem o ódio e a perseguição aos bons e o culto do perverso: a violência, o encarniçamento e o sadismo; aparecem o desprezo pelo belo e o culto pelo sujo e horrível; aparecem a perseguição ao divino e a utilização invertida dos seus símbolos. Nas manifestações mais duras das rupturas humanas, é possível observar todas estas sombras de perversidade, que não têm explicação racional e que apontam para os abismos de forças infranaturais.

Os poderes do mundo são suspeitosamente propensos a deixar-se impregnar pelas manifestações da perversidade. Não é à toa que ao Maligno se chama nos Evangelhos *Príncipe deste mundo* (Jo 12, 31) e *pai da mentira* (cf. Jo 8, 44). Isto dá por vezes à pressão social uma força de mentira realmente perversa, porque conduz à difusão do mal e à repressão do bem. Não se pode excluir o diabólico como explicação quando se contemplam algumas passagens da história e alguns comportamentos singulares. Assim, por trás das fraquezas humanas, e misteriosamente relacionadas com

MORAL: a arte de viver

elas, é preciso procurar às vezes outras instâncias para compreender a história deste mundo.

A doutrina cristã sustenta que, devido a estas quatro rupturas, sobretudo às três primeiras, somos incapazes de fazer com as nossas próprias forças todo o bem que deveríamos. Essa ruptura interna é a causa de que nada seja como teria que ser idealmente. É a causa de que nos enganemos com tanta facilidade; de que os bens nos arrastem para além de toda a medida e de que fujamos dos nossos deveres; de que não nos entendamos entre nós; e de que nos escondamos de Deus. São muitas coisas irracionais, difíceis de compreender para os espíritos racionalistas, mas que se observam na vida de todos os homens — incluídos os racionalistas...

Sem uma ajuda especial de Deus, não é possível sermos fiéis à nossa consciência; não é possível suturarmos as profundas feridas do pecado. E essa ajuda tem um nome especial: chama-se Graça, que significa "dom gratuito de Deus". *A graça é a força de Deus que atua dentro de nós,* que nos ajuda a introduzir em nós (nos nossos sentimentos e na nossa conduta) a ordem da inteligência; e que nos inclina a ser fiéis ao que Deus quer. É uma realidade misteriosa que não se pode medir com um aparelho como se se tratasse de uma força eletromagnética; mas que pode ser avaliada vendo como transforma a vida dos homens. A Igreja tem uma experiência muito rica dessas transformações.

A psicologia humana precisa deste complemento para reparar a ferida original. A graça corrige a desordem e semeia no espírito o gosto pelos bens mais altos e belos. Dá uma sensibilidade especial para o que é grande. Dela falaremos na terceira parte deste livro.

4. A FRAQUEZA HUMANA

Só se adquire a sabedoria moral em toda a sua profundidade com a ajuda da graça. Só com a ajuda de Deus é possível o saber perfeito (o conhecimento moral), o querer reto (vencer o egoísmo, amar a Deus sobre todas as coisas e o próximo como a nós mesmos) e o poder (vencer a fraqueza). Nesta vida, é preciso contar com essa força e caminhar com ela.

5. O HORIZONTE DA LIBERDADE

Viver na verdade

No homem, existe uma liberdade que se vê e outra que não se vê. A mais simples de descrever é, logicamente, a que se vê. Dizemos que é livre a pessoa que faz o que quer sem que ninguém a obrigue ou a impeça. É livre aquele que pode ir e vir, viver onde quiser, opinar, viajar, reunir-se e empregar a sua vida como bem lhe pareça. A isto chamamos liberdade, mas é só uma parte da liberdade: a parte que se vê. A mais importante é a outra, a que não se vê.

A que não se vê é a *liberdade interior,* a da nossa consciência. Os obstáculos que enfrenta não estão fora, mas dentro. É livre interiormente aquele que pode guiar-se pela luz da sua consciência, aquele que não tem obstáculos interiores que lho impeçam.

Os obstáculos interiores da liberdade são a ignorância e a fraqueza. Aquele que não sabe o que tem que fazer só tem a liberdade de errar, mas não a de acertar. E aquele que é fraco deixa que a desordem dos seus sentimentos ou a coação externa do que "vão dizer" lhe arrebatem a liberdade.

A *ignorância* apaga a voz da consciência: deixa-a às escuras; não pode decidir bem porque não tem base para decidir bem. Uma consciência deformada ou com pouca formação moral é incapaz de acertar. De uma

MORAL: a arte de viver

pessoa que tenha recebido uma formação moral muito imperfeita não se podem esperar grandes manifestações de liberdade. Estará muito condicionada pelo que tenha aprendido. Se não a ensinaram a valorizar alguns bens (os bens estéticos, a amizade, a cultura etc.), nem sequer perceberá que existem e não terá liberdade para os alcançar.

Por seu lado, as diferentes manifestações da *fraqueza* pressionam ou apagam a voz da consciência. Quem tem uma paixão desordenada pelo jogo não decide bem sobre o que tem de fazer cada dia, porque essa paixão o arrasta constantemente. Quem é preguiçoso não se decide a enfrentar os seus deveres, deixa-os passar, engana-se e esquece-os. Quem se deixa influir bastante pelo ambiente é incapaz de fazer algo que possa estar malvisto: horroriza-se só de pensá-lo, às vezes nem sequer é capaz de pensá-lo, tal é a pressão do ambiente. Nenhum desses homens é realmente livre: não tem a liberdade de agir bem, só a de agir mal.

Para alcançar a liberdade interior, é preciso vencer a ignorância e as diferentes manifestações da fraqueza. É preciso que a consciência funcione bem: que descubra a verdade e ponha ordem entre os bens e os deveres.

Aquele que ama a verdade sabe que tem que procurá--la: como vimos, nascemos com alguns conhecimentos morais elementares e precisamos da experiência dos outros. Para *formar a consciência,* é necessário cuidar de conhecer os princípios morais; é preciso procurar pessoas retas e com experiência, para lhes pedir conselho nas dúvidas e perplexidades; e não considerar humilhante que nos corrijam. Não podemos aprender tudo

5. O HORIZONTE DA LIBERDADE

sozinhos. Precisamos dos outros: dos nossos amigos, dos nossos pais, das pessoas que nos querem bem, do nosso confessor. Os outros observam-nos de fora e com mais objetividade do que nós mesmos; todos temos uma extraordinária facilidade para nos enganarmos nos assuntos pessoais.

Além disso, é preciso saber tirar experiência dos próprios atos e examinar com frequência, até diariamente, o que fizemos para avaliá-los e corrigir os erros. É preciso ser humilde para reconhecer os erros teóricos e práticos e retificar. Isto acaba por dar-nos uma grande sabedoria. O esforço por viver honradamente dá uma sensibilidade especial para conhecer a trama dos atos humanos e poder também ajudar os outros.

A consciência entra em jogo em cada decisão: ou impõe a sua verdade sobre a conduta ou então é desprezada por uma decisão que a contradiz ou a faz calar. No primeiro caso, somos nós quem atua; no segundo, é algo que trazemos dentro de nós: os nossos gostos, a nossa preguiça, o medo do que possam dizer. No primeiro caso, existe um núcleo de liberdade que dirige a conduta; nó segundo, é como se só fôssemos um feixe de tendências que lutam por impor-se dentro de nós.

Se somos fiéis ao que a consciência vê, *crescem as virtudes* que dominam a fraqueza: aprende-se a pôr limites à vontade de possuir, a cumprir os deveres apesar da preguiça e a ganhar independência em relação ao ambiente. Com o crescimento das virtudes, *o espaço da consciência dilata-se*: tem mais campo, está menos ocupada pelos sentimentos e goza de maior liberdade interior. Produz-se um efeito em espiral, que sobe até

MORAL: a arte de viver

à perfeição do homem, até à retidão: a fidelidade à voz da consciência faz crescer as virtudes e, paralelamente, o crescimento das virtudes protege o funcionamento da consciência.

Mas *quando se atua contra a consciência, a fraqueza acentua--se e perde-se a liberdade.* Todos temos essa experiência, porque todos somos fracos e agimos mal muitas vezes. Os sentimentos deseducam-se e acabam por arrastar--nos ou atolar-nos segundo o seu capricho. Atuar contra a consciência produz uma espiral para baixo, para a incoerência; é como se o homem se dissolvesse por dentro. Por isso, é tão importante deter esse processo degenerativo, arrepender-se e voltar a começar todas as vezes que seja necessário. Só quem sabe arrepender-se protege a sua consciência.

Perder a luz da consciência é a mais grave de todas as doenças: é a doença que suprime a liberdade interior, que lhe tira o seu espaço natural. Não é uma doença fisiológica e por isso não gera dor. Mas é uma doença real que destrói o próprio núcleo da personalidade e leva a viver na mentira. Para evitá-la, é preciso retificar sempre que seja preciso.

A experiência da fraqueza, o reconhecimento de que agimos mal e temos de retificar é algo que humilha. Por isso, facilmente justificamos as más ações, não só em concreto, mas mesmo teoricamente. Aquele que tem a fraqueza de roubar acaba por pensar que todos se comportam da mesma maneira: "Pensa o ladrão que todos são da sua condição", reza o velho ditado. Cícero expressou-o categoricamente: "Num coração apodrecido pelas paixões, há sempre razões ocultas

5. O HORIZONTE DA LIBERDADE

para achar que é falso o que é verdadeiro; do fundo da natureza desviada elevam-se brumas que obscurecem a inteligência. Convencemo-nos facilmente do que queremos, e, quando o coração se entrega à sedução do prazer, a razão abandona-se nos braços da falsidade que justifica" (*De natura deorum,* I, 54).

Quando à fraqueza se une o orgulho, o engano pode chegar a extremos patológicos. Porque o orgulho não se conforma com uma modesta justificativa; incomoda-o a verdade, incomodam-no aqueles que lhe dizem qual é a verdade e até o incomodam aqueles que vivem de acordo com ela. Santo Agostinho explica-o esplendidamente: "Os que amam outra coisa que não a verdade gostariam de que o que amam fosse a verdade. Como não querem enganar-se, mas também não querem reconhecer a verdade, odeiam a verdade por causa daquilo que amam em seu lugar" (*Confissões,* 10, 23).

O costume de guiar-se sempre pelo que a consciência vê tem o nome de *retidão.* A retidão dá à vida humana uma extraordinária qualidade e uma extraordinária beleza. Torna o homem verdadeiramente dono dos seus atos e robustece a personalidade.

Viver de acordo com a consciência é viver na verdade: na verdade do que são as coisas e o homem, sem enganar-se. Por isso, é manifestação externa de retidão um grande amor à verdade. As pessoas retas sentem uma aversão profunda pela mentira: acham-na horrível. Mentir por medo às consequências da verdade ataca diretamente o núcleo mais pessoal do homem, que é a sua consciência. Não é como ter uma fraqueza; é como se não se tivesse consciência.

MORAL: a arte de viver

A "liberdade situada"

O ensinamento moral transmite-nos uma série de preceitos negativos — "não faças..." — que indicam o princípio mínimo da moral; e também transmite-nos preceitos positivos, como são o mandamento de amar a Deus sobre todas as coisas e o de amar o próximo como a nós mesmos. Estes mandamentos positivos não são para serem cumpridos de uma só tacada; são antes os grandes horizontes da existência humana: objetivos permanentes para toda a vida.

Por isso, a moral não consiste simplesmente em respeitar um conjunto de proibições. Isso é só o limite mínimo. Também não se lhe pode pedir que codifique tudo o que está bem e tudo o que está mal; seria impossível e, além disso, para isso temos a nossa consciência. A moral limita-se a assinalar-nos a *moldura*: o que sempre deve estar fora e o que sempre deve estar dentro.

É claro que dentro dessa moldura existem já muitas coisas e devemos tê-las em conta. Não nos movemos num âmbito teórico, mas num âmbito real; estamos situados no mundo. Para usar a célebre expressão de Ortega y Gasset, é preciso levar em conta em cada um de nós "o eu e as suas circunstâncias". As circunstâncias fazem parte da nossa fisionomia moral e situam a nossa liberdade no mundo.

A nossa liberdade não é uma liberdade absoluta. Quando viemos ao mundo, o mundo já existia há muito tempo: já tinha as suas leis; já estava cheio de coisas e de pessoas; nós viemos ocupar um lugar entre elas. Por isso, não temos uma liberdade absoluta, mas fortemente condicionada por tudo o que existia antes de nós. A nossa

5. O HORIZONTE DA LIBERDADE

liberdade não é uma liberdade absoluta, mas, como diz Zubiri, é uma *liberdade situada*.

Antes de mais nada, *estamos limitados pela nossa própria natureza:* somos homens e não, por exemplo, pássaros. Não podemos voar batendo os braços, mesmo que nos agradasse muito. Este dado — o de que temos a natureza humana e não outra — tem bastante importância à hora de nos perguntarmos o que queremos fazer com a nossa liberdade. Porque não podemos viver como se não fôssemos homens: homens que precisam comer e dormir; homens que têm tempo e energia limitados; homens que adoecem, envelhecem e morrem. Este pequeno detalhe, por exemplo — estamos destinados a morrer —, tende a ser esquecido com frequência e, no entanto, é um dado importantíssimo à hora de pensarmos no que queremos fazer e se tem sentido o que vimos fazendo.

E essa condição humana comum está concretizada em cada um de nós com algumas características e algumas carências que não devemos esquecer. É preciso conhecer umas e outras porque fazem parte da nossa situação. É preciso tomar em consideração os talentos naturais: a nossa inteligência, as nossas inclinações, as nossas habilidades; mas também as nossas limitações particulares: as nossas debilidades, os pontos fracos da nossa saúde e os nossos defeitos físicos.

Mas, além disso, dentro dessa moldura real da nossa liberdade, acontece que existem muitas coisas que ao mesmo tempo nos condicionam e nos situam no mundo. Todos os homens estão condicionados desde que nascem pela sua origem: porque nascem numa cidade e numa nação; porque vivem em determinado lugar e porque trabalham neste lugar ou naquele outro.

MORAL: a arte de viver

E especialmente *estamos condicionados pelas pessoas que nos rodeiam:* pelos nossos laços familiares e de amizade. Estamos condicionados pelos nossos pais, irmãos, cônjuge, filhos, parentes, amigos, compadres, colegas de trabalho; pelos vizinhos, pelo porteiro, barbeiro, médico etc., etc.

Não podemos construir a nossa vida à margem destes condicionamentos tão evidentes. Não se deve olhar com maus olhos todas estas limitações que são inevitáveis. Na realidade, são os traços que definem o nosso perfil como pessoas. Se não os tivéssemos, seríamos seres amorfos, sem contornos. É preciso admiti-los como admitimos os traços do nosso rosto.

Seria estúpido rejeitá-los ou envergonhar-se deles: são como são. Quem tem um pai doente, por exemplo, não pode montar a sua vida à margem desse condicionamento tão claro; quem tem que levar adiante a sua família não pode tomar nenhuma decisão importante sem tê-lo presente. Não se justifica gastar energias imaginando o que faríamos se as coisas fossem de outro modo: isso de nada serve, a não ser para dar rédeas soltas à fantasia e acostumá-la a viver de quimeras, fora da realidade.

É uma quimera pensar numa liberdade sem condições. Não existe homem algum que não as tenha; não se pode viver sem assumi-las. Há homens que as têm em maior grau e outros em menor, mas todos as têm. As limitações são, de certo modo, como as regras do jogo, o ponto de partida, aquilo que faz com que o jogo seja emocionante. Se não houvesse nenhuma, não poderia haver jogo. A nossa liberdade tem que ser exercida nesse âmbito. Cabe a cada um jogar da melhor maneira possível com as suas cartas.

5. O HORIZONTE DA LIBERDADE

É evidente que todas essas coisas que nos rodeiam nos impõem deveres. Não é caso para alarmar-se. A maior parte das vezes, são deveres gratos, e é bom viver assim. Só as pessoas que entendem que ser livre é não ter nada que fazer na vida é que se afligem com esta situação. Na realidade, é uma grande sorte ter pátria e cidade, pais, irmãos, amigos e vizinhos. Mas é uma sorte que nos impõe deveres: ordinariamente, deveres prazerosos.

Como vemos, bem cedo se levanta na vida *uma questão fundamental*, que depois continua a apresentar-se constantemente: *como vamos enfrentar a voz dos deveres*. Enquanto a criança é imatura, não percebe que existem deveres; mas quando começa a pensar, começa a captá-los. A partir desse momento, terá que passar continuamente a escolher.

A criança que se pergunta se o que tem de fazer é continuar a ver a TV ou cumprir a tarefa que a mãe lhe pediu já está no terreno da moral e não voltará a sair dele senão quando morrer ou perder as suas faculdades mentais.

Começa o jogo dos bens e deveres. Primeiro, só se presta atenção aos bens; até que a consciência aparece e indica um dever que tem prioridade: é preciso cumpri-lo. A situação repete-se constantemente de diversas maneiras. Cabe à consciência decidir qual o bem ou qual o dever que deve ser preferido. Se se obedece muitas vezes, no final do jogo teremos um homem na sua plenitude; se se desobedece muitas vezes, teremos um pobre homem.

Não é que se tenha de preferir sempre os deveres. Já dissemos que a voz dos bens, quando passa pela consciência, converte-se muitas vezes num dever: é preciso comer, dormir, trabalhar para ganhar dinheiro, descansar etc. Em muitos casos, a escolha da consciência recai no bem.

Mas em outros não: é preciso levantar-se para ir trabalhar, mesmo que queiramos continuar a dormir; é preciso ajudar a mãe na cozinha, embora preferíssemos ver televisão; é preciso sair de passeio com a esposa, embora o marido queira ver o jogo de futebol; é preciso escutar com atenção tudo o que o marido conta, embora a mulher gostasse mais de acabar de ler a revista ilustrada etc.

Quando a consciência nos indica um dever, coloca-nos num compromisso. Geralmente, temos de vencer a resistência da preguiça, porque os deveres não costumam ser apetecíveis, pelo menos no começo. É preciso decidir entre o dever de fora e o gosto de dentro. *Decidir bem é a única terapia conhecida para vencer o egoísmo.* Uma pessoa que viva pendente unicamente dos seus gostos, mesmo que sejam bons, está centrada em si mesma e não faz outra coisa senão amar-se a si mesma. O egoísmo só diminui quando se atende à voz dos deveres.

Aqui entra em jogo uma das orientações fundamentais da vida: se escutamos habitualmente a voz dos deveres, se somos homens que damos muita importância aos nossos deveres, vencemos o egoísmo; caso contrário, o egoísmo nos vence. Além disso, como já vimos, cada ato deixa rastro: de maneira que muitas concessões acostumam-nos a ser egoístas e muitas vitórias acostumam-nos a ser retos.

Para não sermos egoístas, basta atendermos ao que a consciência nos dita em cada momento. Mas são

5. O HORIZONTE DA LIBERDADE

possíveis *opções de estilo,* isto é, *podem-se cumprir os deveres de maneiras muito distintas;* é possível um amor apaixonado, generoso e intenso pelo dever ou então um cumprimento estrito do dever, ordinariamente bastante fraco. Pode-se sair de passeio com a mulher com o entusiasmo do réu que é levado à guilhotina ou com a paixão de um marido que sabe amar; a mulher pode prestar atenção à conversa do marido sobre futebol com uma impassibilidade estoica ou pode escutá-lo com carinho (mesmo que lhe seja impossível captar bem o que ele diz). Não se trata só de decidir bem em cada situação isolada, mas de dar uma orientação bela e valiosa ao conjunto da vida.

Precisamente por sermos livres, podemos exceder-nos, fazer mais do que o mínimo devido; podemos colocar o nosso horizonte no máximo: aspirar ao melhor. Uma mãe pode preparar a comida com carinho, mesmo que os seus filhos não saibam avaliar o esforço. Um alfaiate pode confeccionar um terno com carinho, mesmo que o cliente não o aprecie. Um trabalhador pode pôr empenho em terminar bem o seu trabalho, ainda que o seu chefe seja um energúmeno.

Cada homem tem um estilo de vida, que pode ser medíocre, guiado pelo mínimo, ou pleno, guiado pelo máximo. São opções de estilo, que acabam por criar hábitos e modos de ser que dão forma à liberdade, que configuram uma maneira de situar-se no mundo. Cada qual tem uma margem de liberdade muito grande para escolher o seu *estilo pessoal* de cumprir os deveres, de relacionar-se com o próximo, com Deus e com a natureza. Cada uma destas realidades impõe-nos obrigações, mas o modo de vivê-las é inteiramente pessoal.

MORAL: a arte de viver

Além disso, faz parte do estilo pessoal a escolha dos bens que buscamos: é possível viver miseravelmente, aspirando a um minúsculo punhado bens, ou então viver tentando conseguir os bens mais altos. Depende da nossa escolha o acento que pomos em uns ou em outros: nos estéticos, nos religiosos, na cultura, no relacionamento pessoal, nos bens primários etc; depende de nós o modo e a medida de buscar e usar o dinheiro, de trabalhar, de comer, de distrair-se etc. Tudo isso depende muito da nossa liberdade.

As opções de estilo são um imenso campo para exercitarmos a nossa liberdade e criarmos costumes que deem um estilo belo e nobre à nossa conduta.

As grandes escolhas

Cada homem tem condicionamentos e graus de liberdade diferentes: cada homem está numa situação diferente perante a vida. Por isso, não se pode pedir a mesma coisa a um homem e a outro.

É o que ilustra perfeitamente a conhecida parábola evangélica dos "talentos" — na época, uma medida de peso para o ouro ou a prata — no capítulo 25 de São Mateus. Nessa parábola, conta-se que um homem rico se viu na necessidade de viajar e repartiu entre os seus servos os talentos que tinha para que os administrassem. A um deu cinco, a outro dois, e um ao terceiro. *Depois o que tinha recebido cinco talentos* — lê-se em São Mateus — *foi, negociou com eles e ganhou outros cinco. Igualmente o que havia recebido dois ganhou outros dois. Mas o que havia recebido um foi, cavou um buraco na terra e escondeu o dinheiro do seu amo.* Quando regressou, o amo

5. O HORIZONTE DA LIBERDADE

pediu-lhes contas. O que havia ganho cinco recebeu um elogio do amo e o mesmo aconteceu com o que havia ganho dois. Já o que tinha recebido um talento foi severamente repreendido: *"Servo mau e preguiçoso* [...], *ao menos devias ter entregue o meu dinheiro aos banqueiros para que na minha volta o recebesse com os juros"*, disse-lhe o senhor e afastou-o da sua presença.

A parábola tem um significado evidente. Cada homem recebe com a sua vida um conjunto de talentos de fortuna, de posição, de possibilidades, de capacidades; tem que negociar com eles, e terá que prestar contas do rendimento que lhes tirou. Nós, os homens, facilmente deixamos subir à cabeça os talentos que temos e passamos a vida alardeando-os. Alguns se envaidecem porque são inteligentes; outros porque a sua família é poderosa e rica; outros porque têm habilidade para o esporte, para o canto ou para os negócios; uns poucos porque pensam que têm boa presença. E assim passamos a vida ostentando os talentos e sem pensar muito em que nos foram dados para os fazermos frutificar.

Dentro da moldura que enquadra a nossa vida, como descrevemos antes, os talentos são como concentrações de poder que nos permitem intervir com maior protagonismo; temos mais meios e mais possibilidades para fazer o que queiramos. Isto é, evidentemente, uma vantagem, mas também uma *responsabilidade* da qual prestaremos contas. Vão-nos perguntar o que fizemos com esse cabedal.

O maior talento que temos é, no entanto, a própria vida: esse tempo que não é infinito e em que se desenvolve o nosso ser sobre a terra, com todos os outros talentos de natureza e de fortuna.

MORAL: a arte de viver

Em outras épocas, os homens tinham uma margem mínima de liberdade, estavam muito condicionados pelo seu nascimento e também pela sua cultura — ou pela sua falta de cultura. Um servo da gleba não tinha que pensar no que fazer com a sua vida porque ela já estava quase toda resolvida. Hoje, pelo menos nos países desenvolvidos, a maior parte dos jovens podem decidir em que gastarão o seu tempo e as energias da sua vida. Isto é evidentemente um talento: ter nas mãos uma grande parte da vida é um talento valiosíssimo. Nunca tantos homens puderam dispor em tão grande medida de si mesmos.

Nos nossos países, pode-se escolher a profissão, o trabalho, o lugar de residência e o modo de empregar o tempo livre. Existem inúmeras possibilidades de educar--se e de trabalhar, como também de as pessoas se associarem e contribuírem para o bem comum, a luta contra o câncer, o combate à pobreza, a ajuda social etc.

É preciso decidir onde vamos gastar fundamentalmente o tempo da nossa vida e suas energias. E é preciso fazer as *escolhas* no momento oportuno, porque o tempo voa. São instantes de grande beleza os momentos em que se compromete o futuro. Não se deve temê-los. Se se deixam passar, o tempo engole a vida. Cronos devora os seus filhos, como Goya soube pintar de um modo genial e lancinante. Seria uma pena vivermos como eternos adolescentes, sem nos comprometermos com nenhum trabalho, com nenhuma dedicação. A vida de um homem maduro deve ser empregada em alguma coisa que valha a pena.

É preciso escolher. Pode ser doloroso abandonar outras possibilidades, mas a única maneira de realizar

5. O HORIZONTE DA LIBERDADE

alguma coisa é escolher. E, à hora de escolher, é preciso enfocar bem as coisas: é preciso informar-se e escolher entre as possibilidades reais que se têm de formação e de trabalho, tendo em conta as inclinações pessoais, os gostos e as capacidades, que são também talentos. Mas não se deve aspirar a situações ou soluções ideais, que não se apresentam. Temos de ser realistas e orientar as nossas ânsias de plenitude para ideais verdadeiros: o amor ao trabalho, a plenitude dos amores de uma família, a entrega aos outros, o relacionamento com Deus. É aí que se pode encontrar satisfação, e não em veleidades mais ou menos ingênuas e mais ou menos egoístas.

O motor último das grandes escolhas não pode ser o egoísmo. O horizonte da moral é, como dissemos, amar a Deus sobre todas as coisas e amar o próximo como a nós mesmos, e tem que estar presente, de um modo ou de outro, em cada escolha, e sobretudo nas mais importantes. Isto não significa que se tenha de prescindir de gostos e inclinações; significa que é preciso servir os outros e servir a Deus precisamente por meio das nossas inclinações e gostos: mediante a profissão, o trabalho e o bom emprego do tempo livre. O mesmo critério serve para a utilização de todos os outros talentos: posição, prestígio, dinheiro, influência.

Existem também escolhas especiais que, na realidade, só são escolhas num certo sentido: às vezes, somos nós os escolhidos. É aquilo que Gabriel Marcel designa por *"encontros"*: esses momentos da nossa vida em que deparamos com a pessoa que será parte da nossa vida, momentos em que nasce o amor ou se forja uma amizade.

Cada encontro é uma graça, um grande dom: algo inesperado, talvez fortuito de certo modo, mas que resistimos

MORAL: a arte de viver

a pensar que seja somente fruto do acaso. Intuímos que esse "encontro", que durará para sempre, de algum modo teve que ser preparado desde sempre. O encontro pode ser com a pessoa que será a nossa esposa ou esposo, que há de ser nosso amigo, ou com Deus.

Também se pode encontrar a Deus neste mundo, e bem pode acontecer que Ele queira escolher-nos para que o sirvamos, para que nos ocupemos dos seus assuntos na terra. Deus também se faz presente na vida de muitas pessoas como um encontro: um encontro preparado desde sempre e que se abre também para a eternidade.

Esses encontros gozosos, que dão luz e orientação para a nossa vida, introduzem nela enormes mudanças. Criam vínculos muito fortes que modificam substancialmente os moldes da nossa existência. Não se deve ter medo desses compromissos, que são o que dá sentido, caráter e intensidade à nossa vida. É precisamente nesses compromissos de amor que o homem se realiza; é nessas grandes doações que se forja a sua plenitude. O homem está feito para amar e realiza-se no amor: nada engrandece mais a vida humana e nada a torna mais feliz. *Sem amor — sem encontros — não existe felicidade possível.*

Heroísmo e beleza

Imaginemos que vivemos num país onde reina um regime opressor e tirânico, onde os direitos dos cidadãos são desprezados, onde reina o terror. Certo dia, encontramo-nos com um velho amigo que estimamos muito, mas de quem não tínhamos notícia. No meio da alegria do encontro, relata-nos a sua história recente: nos anos transcorridos, foi perseguido e feito prisioneiro;

5. O HORIZONTE DA LIBERDADE

sofreu muito na prisão e foi submetido a castigos humilhantes. Só conseguiu libertar-se desse inferno quando decidiu colaborar e delatar vários companheiros. Certamente, ficaríamos gelados; teríamos seguido o relato com emoção e enorme simpatia até sabermos desse horrível final. Talvez tenhamos podido entender a sua situação, compreendendo que, depois de ter sofrido tanto e ante o temor de mais dores ou de uma morte espantosa, o homem quebrasse. E tê-lo-íamos entendido melhor se pensássemos que talvez não soubéssemos responder por nós mesmos numa situação semelhante. Mas dá uma pena imensa que uma pessoa que estimamos tenha feito uma coisa tão horrível como delatar os seus companheiros.

Como teria sido melhor que tivesse resistido! Se tivesse aguentado, não há dúvida de que o estimaríamos ainda mais: seria para nós um herói, um modelo a admirar, um exemplo a imitar, e honraríamos sempre a sua memória e falaríamos dele com imensa veneração. Mas cedeu, e por isso é apenas um exemplo da fraqueza humana, que podemos apreciar e estimar, mas a quem temos de perdoar essa baixeza.

Há circunstâncias na vida em que a dignidade humana pode exigir grandes sacrifícios, isto é, *heroísmo*. Às vezes, o dever leva-nos a enfrentar a dor e a morte antes que ceder ao que é indigno de um homem. Isto indica com clareza que os bens primários — como a própria vida — não são os mais importantes na escala de valores.

É verdade que nenhum de nós tem autoridade moral para exigir de outro um comportamento heroico: talvez não lhe possamos pedir que sacrifique os seus bens para salvar os nossos, ou, especialmente, se temos presente a nossa fraqueza, talvez não nos sintamos

MORAL: a arte de viver

capazes de reprovar ninguém que tenha cedido em circunstâncias difíceis.

Mas a *dignidade do homem* exige que não se ceda nessas circunstâncias. Cada um de nós tem essa obrigação, não porque outros lho peçam ou o censurem se não o fizer, mas porque as próprias coisas lho pedem; pede-o sobretudo a sua própria dignidade de homem. Não podemos exigir de ninguém em nome próprio um comportamento heroico, mas assim o exige o bem de toda a humanidade, a dignidade de todos os homens. E se algum dia nos vemos numa situação dessas, temos de lembrá-lo a nós mesmos ou lembrá-lo a outros, para nosso bem e o de toda a humanidade. O fracasso de um é o fracasso de todos, é o fracasso da dignidade humana. Ter nascido homem seria uma desgraça se não houvesse homens capazes de viver e morrer com dignidade.

Pode-se pedir a um soldado que ponha em risco a sua vida para defender uma posição estratégica? E a um bombeiro que arrisque a sua pele para salvar uma criança? E a um capitão que seja o último a abandonar o barco que naufraga? Pode-se pedir a um médico que atenda um doente infectado? A um piloto de avião que ceda o seu paraquedas ao último passageiro? A um policial que se ponha em perigo para libertar um sequestrado?

Em todos estes exemplos, está de permeio algum dever que foi assumido livremente ou por natureza e que, num dado momento, pode exigir sacrifícios supremos. Podemos entender e desculpar a covardia dos que não são capazes desse gesto (basta conhecermos um pouco a nossa própria covardia, para sermos compreensivos com os outros). Mas, pelo bem da humanidade, seria melhor que fossem capazes. E pelo

5. O HORIZONTE DA LIBERDADE

bem da humanidade, devemos desejar que nós mesmos sejamos capazes disso, se nos encontrarmos numa circunstância parecida. Está em jogo a dignidade do homem, de toda a raça humana.

A história de todas as culturas está cheia de *gestos exemplares* de homens que souberam sacrificar a sua pessoa em face de deveres que consideravam mais altos: pelo bem da pátria, por amor aos pais, ao cônjuge ou aos filhos, por amizade. Se esses gestos são celebrados, é porque têm algo de extraordinário, pois o *"estatisticamente normal"* teria sido recuar. Mas, porque não se recuou, fazem o orgulho de uma cultura: mostram o que valem os seus homens e são exemplos perenes de qualidade humana.

Todos esses gestos têm em comum que são belos. *Dulce et decorum est pro patria mori:* é doce e nobre morrer pela pátria, repetiam os velhos romanos, apaixonados pela beleza desse gesto. São gestos que têm servido em todas as culturas antigas como pauta para a educação da juventude. Mostrava-se aos jovens a sua beleza e acendiam-nos em desejos de imitá-los.

Mas não é preciso ir tão longe. Frossard conta que uma amiga judia da sua Juventude foi levada a Auschwitz. Teve a oportunidade de fugir, mas não quis; tinha com ela o pai, que era surdo, e temia que, se o abandonasse, este não ouvisse as ordens e fosse duramente açoitado, como lá se fazia com tanta prodigalidade. Também em Auschwitz temos o maravilhoso exemplo do padre Maximiliano Kolbe. Como represália por uma falta, lançaram-se sortes entre os presos para ver quem seriam os que deveriam morrer. Um dos sorteados lamentou-se pensando nos seus filhos e o Padre Kolbe ofereceu--se para substituí-lo e morreu no seu lugar.

MORAL: a arte de viver

Graças ao Céu, não faltam nas piores circunstâncias homens e mulheres que são capazes de mostrar qual é a dignidade do homem, mesmo apesar das suas misérias. "Os que estivemos nos campos de concentração — conta Viktor Frankl — não podemos deixar de recordar os homens que iam de barraca em barraca consolando os outros e dando-lhes o último pedaço de pão que lhes restava. Talvez fossem poucos em número, mas ofereciam provas suficientes de que se pode arrebatar tudo ao homem, menos uma coisa: a última de todas as liberdades humanas" (*Em busca de sentido*).

No contexto de uma sociedade de consumo, pode parecer ingênuo este modo de proceder: parece uma loucura ensinar a sacrificar os bens imediatos. Mas vale a pena deter-se um momento a considerá-lo. A outra saída é educar os jovens para que cada um busque o seu próprio proveito, mas entendendo esse proveito de um modo rasteiro. Porque não pode haver maior proveito para um homem do que sacrificar-se por um ideal, pensar que é preciso preferir uma solução egoísta é desprezar o homem. Fazer o homem viver com uma moral em que o benefício pessoal está acima de tudo é desprezar o homem.

O homem é o único ser capaz de antepor o sentido do dever à chamada do instinto. Os outros seres só se guiam pela voz dos bens. Por isso — porque é próprio do homem —, sempre é belo ver que alguém ante-põe os seus deveres aos seus gostos. Sempre desperta simpatia e admiração aquele que é capaz de sacrificar interesses egoístas e pessoais em aras do dever. Nesses exemplos, brilha a nobreza do ser humano, e isso faz-nos melhores a todos.

5. O HORIZONTE DA LIBERDADE

A moral humana não pode ser como a dos ratos, porque não somos ratos. Compreende-se que os ratos lutem pela sua sobrevivência, como lhes pede o instinto, e que cada um busque com egoísmo o seu. Quanto ao homem, que não se guia pelo instinto, também se deve compreender — e desejar — que seja capaz de sacrificar-se por aquilo que vale mais que a vida. Precisamente porque, ao contrário dos ratos, é capaz de perceber que existem bens mais valiosos que a vida.

Estas escolhas não se apresentam somente em circunstâncias extraordinárias. De algum modo, surgem na vida de qualquer homem. A cada passo, devemos decidir se sacrificamos ou não os nossos gostos em atenção ao dever. O que caracteriza a maturidade humana é que sabe antepor o dever à satisfação dos gostos.

Existe uma escola prevista pela natureza em que se aprende este comportamento heroico, quase sem percebê-lo: a das exigências do amor. O amor é uma grande força que leva muitos homens e mulheres, que nunca pensaram em abstrato no tema do heroísmo, a vivê-lo na prática do dia a dia, sacrificando o seu egoísmo. Muitas personalidades humanas chegaram à plenitude por terem sabido dar-se constantemente ante as exigências diárias e concretas de seus amores. O amor aos pais, aos filhos, ao marido ou à esposa, e aos amigos, à pátria, costuma ser o grande educador dos homens, porque ensina a dar-se e a matar o egoísmo.

Quando o amor é verdadeiro, o sacrifício não dói; o amor faz estimar como um bem próprio o que é um dever. Onde a moral se aproxima da sua plenitude, o bem e o dever sempre se confundem.

Segunda parte
RESPEITO

Nos cinco capítulos desta segunda parte, vamos tratar separadamente dos grandes campos do comportamento humano, isto é, do modo como devemos comportar-nos nas diversas relações que temos com a realidade que nos rodeia: da relação com as coisas em geral, isto é, com a natureza e os bens materiais (6); da relação com as pessoas mais ou menos próximas (7); da moral sexual (8); da relação com a sociedade (9); e da relação com Deus (10).

Demos a esta parte o nome de "Respeito" porque, como muito bem soube mostrar Dietrich von Hildebrand, a atitude fundamental da moral é o respeito às realidades que nos rodeiam. Para vivermos com a dignidade própria de um ser humano, devemos conhecer a verdade do que nos rodeia (parte I deste livro) e viver de acordo com ela (parte II), respeitando o que é a natureza, bem como os nossos semelhantes, a sexualidade, a sociedade e Deus.

6. ADMINISTRADORES, NÃO DONOS

Consumir ou respeitar a natureza?

Para a doutrina cristã, o homem foi colocado por Deus à frente da criação a fim de que a cuidasse e se servisse dela para as suas necessidades. É o que podemos ler no primeiro livro da Bíblia, o *Gênesis,* em que se narra, numa linguagem cheia de simbolismos e figuras, a criação do mundo e do homem. Este princípio fundamenta a relação do homem com as coisas: deve cuidar delas e pode servir-se delas. Não deve só servir-se das coisas, mas também cuidar delas. As coisas são de Deus e, por isso, o *homem é unicamente administrador* e prestará contas de tudo o que lhe foi confiado.

Em outras épocas, especialmente na imediatamente anterior à nossa, durante a revolução industrial, muitos trataram a natureza como se pudessem explorá-la indefinidamente, como se não se gastasse ou não se estragasse. Esta mentalidade que ainda está espalhada na prática, embora não tenha tantas manifestações externas, tende a considerar a natureza como *res nullius,* isto é, como "propriedade de ninguém": e relaciona-se com as coisas com uma avidez sem medida, tal como uma criança se relaciona com um bolo de chocolate. Saqueia-se a natureza em qualquer oportunidade, sem levar em conta o dano que se lhe causa.

Esta mentalidade é especialmente imoral no nosso tempo por duas razões. A primeira, porque os meios

MORAL: a arte de viver

de que hoje dispomos para explorar e transformar a natureza são mais poderosos que em nenhuma outra época; por isso, os danos são também muito mais graves. A segunda, porque hoje temos uma ideia mais exata sobre a situação do mundo: sabemos, por exemplo, que muitos recursos que utilizamos são limitados, que uma parte é reciclável e outra não; por isso, podemos deduzir que alguns danos que se causam à natureza são praticamente irreparáveis. Isto origina um juízo de valor de certo modo novo acerca do relacionamento do homem com a natureza. Já não é possível manter a mentalidade predadora, de *res nullius*.

Dizer que o homem é o ser mais digno da criação não significa que as coisas careçam de dignidade. *As coisas têm uma dignidade;* menor que a das pessoas, mas também a têm. E temos a obrigação de respeitá-la. Como vimos, o respeito à dignidade de cada coisa é o fundamento da moral. O princípio que rege as relações com a natureza é o mesmo que rege toda a moral.

Precisamente porque temos inteligência, podemos perceber a dignidade das coisas que nos rodeiam e, portanto, perceber também a obrigação de respeitá-las. A nossa relação com as coisas não pode ser a mesma que têm os animais, que só se relacionam com o mundo buscando os meios para a sua sobrevivência. Podemos e devemos servir-nos da natureza para satisfazer as nossas necessidades, mas respeitando-a inteligentemente, tratando-a bem, como cuidamos da nossa própria casa ou do nosso jardim. É absurdo, e nessa mesma medida imoral, que destruamos a natureza que Deus nos confiou para cuidar dela e que é o nosso habitat natural, o nosso lugar no universo.

6. ADMINISTRADORES, NÃO DONOS

O que é respeitar a natureza? A pergunta tem tais dimensões que não é fácil responder. Em primeiro lugar, é preciso evitar destruí-la. É imoral, por exemplo, um uso indiscriminado dos recursos naturais que os esgote; neste sentido, como muito bem salientou Schumacher, há muito que estudar e que dizer sobre os recursos da terra que não são recicláveis (por exemplo, os combustíveis fósseis, mas também os ecossistemas onde vivem muitos seres que não podem sobreviver em outro lugar etc.). É imoral desperdiçar sem motivo os recursos naturais escassos. É imoral o desperdício dos recursos quando, com um pouco de cuidado ou de esforço, seria possível viver com menos. É imoral destruir, pelo simples prazer de destruir, qualquer coisa da natureza. São imorais todos os descuidos e negligências que causam danos à natureza. E seria uma imoralidade grave causar um dano grave.

Por outro lado, precisamente porque a natureza está sob a sua responsabilidade, o homem deve minorar os efeitos autodestrutivos que se manifestam espontaneamente na própria natureza. Na medida em que os pode perceber e evitar, tem obrigação de intervir, porque a natureza lhe foi confiada para que cuide dela. Assim, tem de procurar salvar as espécies que se extinguem por causas naturais; limitar na medida do possível os danos das catástrofes naturais: terremotos, erupções vulcânicas, inundações, pragas etc. Cabe-lhe cuidar da natureza, porque a natureza é a sua casa.

Mas existe uma questão de fundo que vai além de todas as considerações utilitárias. A natureza tem no seu conjunto uma dignidade peculiar que consiste em ser reflexo do próprio Deus. *A beleza da natureza é um*

MORAL: a arte de viver

reflexo da bondade divina. Um reflexo que é necessário respeitar, proteger e conservar.

A intervenção do homem na natureza deixa inevitavelmente um rastro de desordem e, quando a intervenção é feita sem cuidado, esse rastro é enorme. É simplesmente o que chamamos *lixo.* A atividade humana produz lixo irremediavelmente. Mas quando essa atividade é descuidada e desrespeitosa, o que faz é produzi-lo numa medida desproporcionada e destrutiva.

O lixo é a natureza usada que perdeu a sua dignidade. Num sentido amplo, não é só o material que se encerra em alguns sacos para ser retirado pelo serviço de limpeza; é também uma pedreira abandonada, um movimento de terras deixado a meio, os escombros produzidos pelas obras de uma estrada e que ficam à sua beira etc. Lixo é toda a marca do descuido humano na natureza. Toda essa fealdade provocada pelo descuido é uma falta de respeito, um insulto à criação. Quebra a beleza e a harmonia da natureza, às vezes para sempre.

As obras humanas estão chamadas a acrescentar beleza à criação, não a tirá-la. Há uma beleza que é fruto da inteligência humana e que se expressa em todas as belas artes e em todas as técnicas. Há beleza — ou pode haver — nas paisagens urbanas e na ordenação produtiva dos campos; nas minas, nas pedreiras e nas estradas. A inteligência é capaz de gerar ordem e beleza.

Mas precisa de sentido de proporção, porque a nossa atividade produtiva só é capaz de gerar ordem gerando ao mesmo tempo desordem. Para construir um belo edifício, é necessário reunir toneladas e toneladas de materiais. Para fazer um carro, é preciso processar industrialmente

6. ADMINISTRADORES, NÃO DONOS

toneladas de materiais em minas e fábricas: extrai-se o ferro, o carvão e outros múltiplos elementos, que depois são manipulados e combinados; utilizam-se toneladas de água; preparam-se muitos novos materiais sintéticos; e, em cada passo, originam-se enormes quantidades de dejetos industriais. Um só carro representa uma importante manipulação da natureza. E a mesma coisa acontece com cada um dos demais objetos que utilizamos. Por isso, é preciso um sentido de proporção.

Na fase atual, o *consumismo* que existe nos países industrializados constitui uma ameaça sem precedentes à natureza. Nunca como hoje se produziram tantos bens, nunca se venderam tantas coisas, nunca houve tantos problemas de excedentes: em muito poucos anos, nos países mais industrializados, deixamos de ter o mínimo para ter em excesso. Mas o pior é que as *coisas se consomem,* isto é, gastam-se numa proporção também nova. Muitas vezes, usam-se e, logo que se tem a oportunidade de trocá-las por outra melhor, atiram-se ao lixo. Isto multiplica o número de bens que é necessário produzir e a manipulação da natureza.

O problema é de tais proporções que ultrapassa a capacidade de qualquer pessoa particular e só pode ser atacado adequadamente mediante acordos internacionais que sejam capazes de criar as normas legais de que carece a nova situação do mundo.

Em nível particular, a contribuição que cada um pode dar é a de *preferir um estilo de vida sóbrio:* não desejar ter outras coisas supérfluas ou desnecessárias, procurar que as que se usam durem o mais tempo possível; preferir consertar as coisas velhas a trocá-las; e diminuir em toda a medida do possível a produção de dejetos.

MORAL: a arte de viver

É assombrosa a capacidade que nós, os humanos, temos de produzir lixo: em qualquer país industrializado, cada cidadão gera diariamente vários quilos: isto dá lugar a cifras fantásticas se se tem presente o número de dias do ano, o número de anos da vida, o número de cidadãos de cada cidade, o número de cidades... E é um problema completamente novo. Nas nossas culturas de há somente uns decênios, aproveitava-se tudo; não se jogava fora nada: nem papel, nem embalagens, nem caixas. Numa cultura de abundância e de excedentes de produção, o lixo acaba por ser um problema obsessivo e delata uma verdade muito simples: que *o consumo que fazemos da natureza é excessivo.*

Quando se toma consciência dos problemas da ecologia, chega-se necessariamente à conclusão moral de que é preciso fugir do consumismo e preferir um estilo de vida sóbrio. Exige-o a natureza. Antes não sabíamos, mas agora sabemos.

A nossa relação com as coisas

A questão da beleza situa-nos num plano importante para entender qual deve ser a relação do homem com as coisas. Existe uma relação errada, que se pode expressar bem na imagem que utilizamos antes: a do homem que se posiciona diante das coisas como a criança diante de um bolo, comendo-o antes com os olhos do que com a boca. É a expressão da *voracidade humana,* do desejo irracional de possuir — irracional porque ultrapassa o lógico e o conveniente, porque não tem medida, como a voracidade da criança diante do bolo de chocolate.

6. ADMINISTRADORES, NÃO DONOS

A voracidade não respeita o ser das coisas: traga-o. É exatamente a tendência oposta à *mentalidade contemplativa,* que consiste em desfrutar da beleza colocando-se diante das coisas a uma certa distância, sem intuito de comê-las ou de apoderar-se delas. Há quem só aprecie uma árvore, uma casa ou um móvel quando são seus e na medida em que o são. E há quem se delicie diante deles porque lhes aprecia a beleza e a graça, sem levar em conta se são ou não propriedade sua. No primeiro caso, a pessoa não aprecia realmente as coisas, mas só se aprecia a si mesma, como dono delas; no segundo, reconhece a dignidade das coisas.

Precisamos de coisas; precisamos utilizá-las para viver e precisamos armazená-las para garantir o futuro; além do mais, gostamos de nos rodear de coisas amáveis e cômodas para compor o nosso hábitat, o lugar do nosso descanso. Um mínimo bom gosto ao nosso redor eleva o nosso espírito e ajuda-nos a viver como homens. Mas são possíveis diversas relações com as coisas que possuímos. Há um modo de possuir que despreza as coisas, há outro modo de possuir que respeita as coisas e, finalmente, há um modo de possuir que, na realidade, consiste em ser possuído pelas coisas. Vejamos.

a) Pelo mero fato de existir, qualquer objeto tem a sua dignidade e merece respeito. Há um modo de possuir que não respeita a dignidade das coisas: é esse modo de possuir que não sabe distinguir, por assim dizer, *a personalidade das coisas,* ou, para sermos mais exatos, a sua individualidade. Encaram-se os objetos como se todos fossem feitos *em série.* Não se preocupa com as coisas, não sabe o que se passa com elas e não se preocupa nem

MORAL: a arte de viver

um pouco se se estragam, porque as pode substituir por outras semelhantes que desempenham o mesmo papel. Essa mentalidade traz como consequência o descuido e o desperdício; as coisas não são bem tratadas, protegidas, consertadas a tempo; estragam-se e perdem a sua dignidade e a sua utilidade: convertem-se em lixo. Há pessoas que, por negligência, vivem rodeadas de coisas maltratadas, sujas, estragadas e feias. Continuamente geram lixo. E essa feição externa é como que um reflexo do seu estado interior.

Isto pode acontecer com ricos e pobres. Certamente, existem situações de miséria infra-humanas, diante das quais falar de ordem, limpeza e beleza pode tornar-se irreal e grotesco. Mas, à parte esses mínimos, pelo menos é possível falar de ordem e limpeza, e, com um pouco mais de folga, até de bom gosto; precisamente porque o homem é um ser inteligente.

Quando se goza de um certo nível de vida, a negligência pode ser encoberta em parte com o desperdício: trocam-se rapidamente as coisas que se estragaram por não se ter sabido cuidar delas. Existe até — e hoje está muito em voga — uma mentalidade consumista que troca as coisas sem chegar a aproveitá-las nem estragá--las, simplesmente pelo capricho de ter coisas novas.

Trata-se de uma mentalidade frívola, além de imoral. Deixa-se deslumbrar pela novidade, sem chegar a apreciá-la realmente; vive sempre na expectativa do último lançamento, que parece melhor que tudo o que veio antes. Faz com que as sociedades consumam muito mais do que seria necessário e que explorem de uma maneira irracional os recursos naturais. E tudo isso é, ao mesmo tempo, um símbolo de falta de solidariedade,

6. ADMINISTRADORES, NÃO DONOS

pelo contraste insultante desse consumismo gritante com a escassez de outras sociedades, em que muitos homens vivem na miséria, desprovidos até dos bens mais elementares.

b) Em que consiste *respeitar as coisas?* Primeiro, em aperceber-se da sua dignidade. Para respeitar as coisas, requer-se certa distância e perspectiva; é preciso conseguir contemplá-las: superar um olhar puramente utilitário e descobrir que são *seres em si*, antes de *instrumentos*. Nesta observação, que é óbvia, encerra-se toda uma filosofia. É o que há de mais contrário à desumanização das coisas em série, sem respeito nenhum.

Respeitar as coisas quer dizer, antes de mais nada, tratá-las de acordo com o que são: respeitar o seu modo de ser; e, no caso dos instrumentos, das coisas criadas pelo homem para seu serviço (objetos, ferramentas etc.), utilizá-las para o que servem.

Respeitar as coisas é também cuidar das que se usam: procurar que estejam em bom estado e com uma aparência digna: a casa, as ferramentas, os carros, os móveis, a roupa etc. E quando uma coisa se estraga, deve-se procurar consertá-la o mais depressa possível. Assim se conservam dignamente e, além disso, evita-se o desperdício, aproveitam-se os recursos e limita-se a produção de dejetos etc.

É muito antigo o ditado de que *jogar pão no lixo é pecado.* Talvez não seja pecado, mas pode ser um gesto de falta de sensibilidade, sobretudo quando se sabe que, permanentemente, existem lugares no mundo onde se passa uma fome que mata. O pão tem a sua dignidade, e não a perde mesmo que as sociedades desenvolvidas

MORAL: a arte de viver

sejam capazes de fabricá-lo em quantidades industriais e a baixo custo. E o mesmo se poderia dizer de tantas outras coisas.

c) Existe, por fim, um modo de possuir as coisas — dizíamos — que é mais um *ser possuído*. *Isto é avareza:* a ânsia desordenada de ter por ter, sem que se saiba para quê. Quando não se mantém distância, quando desaparece o espírito de contemplação e só predomina o de posse, o homem deixa de ser possuidor e as coisas passam a dominá-lo. E assim se vive arrastado pelas coisas, perseguindo-as.

Evidentemente, existe um desejo de bens que é ordenado, porque precisamos de bens para viver, de alimentos, de um teto, bem como de tantas coisas úteis ou amáveis que podem tornar a vida grata. Mas existe um desejo desordenado. E este começa quando nos deixamos arrastar pela sofreguidão de possuir: quando se desejam coisas que não se utilizarão; quando se desejam mais coisas do que as que é possível usufruir; ou quando se desejam tantas coisas que, para usufruir delas, seria preciso dedicar-lhes a vida inteira e mesmo assim não bastaria. Há desordem quando se querem as coisas simplesmente para acumulá-las; quando não se saboreiam, mas só se possuem. Há desordem, por fim, quando a preocupação por ter e aumentar o número de coisas é tão grande que não deixa energias para cuidar dos bens superiores.

Para viver bem, é preciso decisão e treino. É preciso decidir-se e acostumar-se a pôr um limite ao desejo de ganhar, ao capricho de comprar, à ânsia de possuir e de exibir-se, ao estímulo da inveja. Convém propor-se um

6. ADMINISTRADORES, NÃO DONOS

estilo de vida sóbrio que contenha as forças centrífugas da voracidade, uma das coisas que mais enlouquecem.

O amor ao dinheiro

Essa tendência desordenada costuma manifestar-se no amor ao dinheiro. O dinheiro não é propriamente um bem, mas um meio convencional de troca que permite obter bens reais. Por isso, o dinheiro dá lugar a uma forma de avareza peculiar, que não se centra em bens, mas no meio que parece proporcioná-los todos. Além de que não é verdade que possa proporcionar todos os bens, especialmente os mais importantes, o seu desejo dá lugar com mais facilidade à desordem. Neste sentido, é no amor ao dinheiro que se manifesta na sua essência mais pura a avareza: a ânsia de possuir, sem nenhum conteúdo real, sem bens concretos que se amem. É como amar em abstrato a fome de possuir.

O dinheiro é importante, sem dúvida, e é preciso esforçar-se por consegui-lo; na nossa sociedade, sem dinheiro não se pode viver. Mas é preciso ter cuidado com as generalizações. Uma vez admitido que sem dinheiro não se pode viver, pelo menos numa sociedade civilizada, a seguir é preciso que cada um se pergunte qual a quantia de que precisa para viver e também quais as outras coisas, além de ganhar dinheiro, que considera importantes nesta vida. Seria um círculo vicioso viver para ganhar dinheiro e ganhar dinheiro só para viver.

O dinheiro, como se sabe, não é a primeira coisa. Seria absurdo dedicar-lhe a vida sabendo que a própria vida é um bem limitado. O *dinheiro é um instrumento*. É preciso saber o que se quer: é preciso saber de quanto se precisa;

MORAL: a arte de viver

é preciso saber o que custa. Com esses dados, podemos pôr limites à avareza e deixar espaço e energias livres para nos dedicarmos aos outros bens mais importantes desta vida: a religião, a cultura, a amizade, as relações humanas etc.

Os homens sensatos, mas colados ao chão, acabam por cometer o erro tremendo de pensar que dedicar-se a ganhar dinheiro é a única coisa séria que se pode fazer na vida. É curioso, mas, à medida que amadurecem, essa convicção ganha forças no seu espírito. É como se as outras coisas da vida, das quais se esperava muito em outros momentos (a amizade, o amor etc.), se fossem esfumando com o tempo e só o dinheiro se apresentasse como um valor sólido e inquebrantável. Muitos homens que se podem considerar verdadeiramente sensatos e maduros, por serem capazes de tomar decisões ponderadas, de trabalhar responsável e eficazmente, de organizar a vida dos outros, acabam por cair insensivelmente nesta tremenda insensatez: vivem como se o dinheiro fosse a única coisa importante e pensam que qualquer outra visão da vida é louca e excêntrica.

É uma sensatez insensata: esquecem um dado fundamental que se repetiu incansavelmente ao longo da história: nós, os homens, morremos e não podemos levar o dinheiro para o túmulo, nem comprar com ele nada que ali nos sirva. Santo Agostinho recorda-nos: "Nem a nós nem aos nossos filhos nos fazem felizes as riquezas terrenas, pois ou as perdemos durante a vida ou, depois de morrermos, não saberemos quem as possuirá, ou talvez acabem em mãos de quem não queremos. Só Deus nos faz felizes, porque Ele é a verdadeira riqueza da alma" (*Cidade de Deus*, V, 18, 1).

6. ADMINISTRADORES, NÃO DONOS

Com dinheiro podem-se adquirir muitos bens materiais, podem-se pagar muitos serviços; dá garantias e segurança para o futuro, prestígio, poder e consideração social. São muitos os bens que proporciona, mas nem todos e nem sequer os mais importantes. O *dinheiro* — como é evidente — *só proporciona os bens que podem ser comprados:* coisas e serviços. Não proporciona a paz da alma, nem o desfrute da beleza, nem a força da amizade, nem o calor do amor, nem as pequenas delícias de uma vida familiar, nem o prazer que se esconde nas circunstâncias simples e bonitas de cada dia, nem o encontro com Deus. Não proporciona inteligência nem conhecimentos. Não proporciona nem honradez nem paz; não torna o homem virtuoso, nem um bom pai de família, nem um bom governante, nem um bom cristão.

Não é que haja que contrapor o dinheiro aos bens mais importantes; simplesmente, são coisas diferentes e não se misturam como não se misturam o azeite e a água. Pode-se ter amor, amizade, honestidade e qualquer outro bem com ou sem dinheiro: não é nem mais fácil nem mais difícil. Em princípio, o dinheiro não influi, a não ser em casos extremos: quando não se tem nada ou se tem em demasia.

Sem um mínimo de bens materiais, não costumam ser possíveis os espirituais. É muito difícil que uma pessoa pense em outros bens quando não tem o que comer ou não pode dar de comer aos que dela dependem; quando vive no meio da sujeira e da miséria; quando não tem garantidas as condições mínimas de sobrevivência. Sem uma base material, é praticamente impossível levar uma vida digna, educar os mais jovens e controlar minimamente o estilo de vida. A miséria material costuma

MORAL: a arte de viver

fazer-se acompanhar, geralmente, de outras misérias humanas: a sujeira, a ausência de raízes, a marginalização, a irresponsabilidade, a degenerescência das estruturas pessoais, familiares e sociais, a corrupção etc.

O excesso também influi, não o excesso de dinheiro — a quantidade aqui não é um critério moral —, mas o excesso de apego: quando o apego ao dinheiro açambarca, substitui e impede o amor que o homem teria de colocar em Deus ou nos outros; quando absorve as aspirações e as capacidades sem deixar fôlego para outras coisas; quando se converte no centro da própria existência. O mal não está no dinheiro, mas na desordem com que é amado.

O amor ao dinheiro tem de ocupar o seu lugar na escala dos amores. Como não é o bem mais importante, não pode ocupar o primeiro lugar. É uma desordem dedicar tanto tempo a ganhar dinheiro que não sobre nenhum para os outros bens: que não sobre tempo para a amizade, a família, o descanso, o relacionamento com Deus ou a cultura.

É uma desordem colocar o dinheiro por cima de outros bens mais altos (e quase todos o são). E isto pode acontecer sem que o percebamos, porque a lógica do dinheiro é acompanhada frequentemente por essa sensatez insensata e louca que faz parecer razoável o que, na realidade, é um grande erro. É uma desordem, por exemplo, trabalhar muito para proporcionar bens aos filhos, sem pensar que a companhia do pai ou da mãe é um dos bens de que os filhos mais precisam.

Outro exemplo cotidiano: muitas, muitíssimas famílias foram destruídas simplesmente por terem tido

6. ADMINISTRADORES, NÃO DONOS

que repartir uma herança. Pais, filhos, irmãos, casais chegaram a separar-se e a odiar-se por terem brigado por algumas ações, por algumas terras, por uma casa..., até por um móvel. E isto acontece todos os dias e aconteceu desde a noite dos tempos. Quanto vale o amor de um irmão, de um filho ou de um marido...? Não vale mais do que um pedaço de matéria? Não teria sido melhor ceder?

Ter muito dinheiro não é bom nem mau em termos de moralidade; tem vantagens e inconvenientes. Os *inconvenientes* são claros: quanto maior a capacidade para adquirir bens, maior a capacidade para extraviar-se, para entreter-se, para perder de vista o fundamental em aras do acessório. E é também mais fácil corromper-se: porque a corrupção anda de mãos dadas com o dinheiro, e é por meio dele que prolifera. Se existe muito amor ao dinheiro, é fácil deixar-se comprar, ser subornado, corrompido. São inconvenientes claros. Não é fácil ser honesto e rico.

Cristo advertiu-o com toda a clareza quando disse que é mais difícil um rico salvar-se do que um camelo passar pelo buraco de uma agulha. São palavras duras, que parecem apontar para um impossível, mas o Senhor afirma a seguir: "Para os homens é impossível, mas não para Deus, porque para Deus tudo é possível". O que permite concluir, por enquanto, que, para alguém ser rico e bom cristão, tem de pedir muita ajuda a Deus. Os inconvenientes de ser rico estão hoje muito estendidos.

Nas sociedades industrializadas, generalizaram-se modos de vida que antes estavam reservados a alguns poucos privilegiados. A vaidade, o capricho, o luxo, a

MORAL: a arte de viver

frivolidade estão ao alcance de quase todas as fortunas, acarretando o perigo efetivo de ocupar permanentemente a inteligência e o coração em planejar o que se poderia ter e gastar.

Mas ser rico tem também *vantagens*. Isto é evidente quanto aos bens elementares: ter dinheiro permite satisfazer sem aflições as necessidades primárias. Mas esta é a menos importante de todas as vantagens. As mais importantes referem-se ao uso da liberdade. Estas são as vantagens importantes sob o ponto de vista moral.

Ser rico significa ter muitos meios e, portanto, muita liberdade para atuar bem. É um talento e, portanto, uma responsabilidade. Só os que têm muitos meios podem empreender grandes tarefas. O valor moral da riqueza — e de quem a tem — depende do fim a que é destinada, já que o dinheiro é apenas um meio. A chave da riqueza é o serviço que presta.

Por tudo isto, é necessário um estilo de vida que leve a empregar bem o dinheiro e a não deixar-se enganar por ele. A moral convida a colocar os meios de fortuna na adequada ordem dos amores. Resumindo, trata-se de *não amar o dinheiro por si, mas apenas como um instrumento;* de não buscá-lo em detrimento de outros bens que são melhores; e de utilizá-lo para conseguir para a própria pessoa e para outros esses bens melhores.

A mentalidade economicista

Os mesmo critérios morais que vimos com relação ao dinheiro no nível individual servem para o conjunto da vida social. Nesse plano, o dinheiro também não é a coisa mais importante, embora tenha a sua importância.

6. ADMINISTRADORES, NÃO DONOS

A vida das sociedades não deve ser identificada com a economia, por mais que essa tendência seja muito forte e se pense que os Estados devem ocupar-se quase que exclusivamente do *bem-estar* dos seus súditos, entendido num sentido puramente materialista.

A economia é somente a ciência de aproveitar os recursos e bens materiais. Mas existem muitos outros bens que também é preciso aproveitar e difundir: os espaços imensos das relações humanas, familiares, de amizade, sociais, de convivência; os âmbitos, também enormes, da religião, da sabedoria, das ciências, da cultura, das artes, da informação, da técnica e da educação etc.

E mesmo dentro da vida econômica não se pode trabalhar como se o dinheiro fosse o primeiro bem, pela simples razão de que é inseparável dos outros aspectos da vida social. A economia influi em tudo: na moradia, no descanso, nos costumes, na cultura, no governo. A vida econômica é conduzida por homens que precisam de outros bens além dos que a economia maneja.

Às vezes, é difícil ter isto em conta. A economia moderna converteu-se numa disciplina sumamente abstrata, com um instrumental matemático muito desenvolvido. Ora, esse instrumental, pela sua própria natureza, tende a disfarçar a realidade, porque só trabalha com quantidades mensuráveis. Assim, pode-se perder de vista que, por debaixo de montões de cifras agrupadas em estatísticas, índices, variáveis etc., existem pessoas, relações humanas, necessidades culturais, religiosas, artísticas etc. que não podem encontrar expressão matemática e que, portanto, não aparecem nem são tomadas em consideração.

MORAL: a arte de viver

Por outro lado, os modelos matemáticos tratam a vida econômica como um enorme mecanismo, cheio de automatismos, e podem fazer esquecer que, por debaixo dos movimentos econômicos, existem decisões morais, isto é, decisões de pessoas livres, que afetam outras pessoas. A complexidade da vida econômica dificulta que as decisões econômicas sejam realmente morais, porque dificulta que se tenham presentes os bens não econômicos que estão em jogo e a repercussão real — não meramente econômica — dessas decisões.

Na verdade, a economia liberal baseia-se em *dois grandes pilares* que dificultam essa transparência. São dois princípios que se difundiram e se impuseram na nossa sociedade numa época histórica. Não são princípios necessários: são convenções legais que demonstraram uma grande eficácia para o desenvolvimento econômico. Mas têm os seus defeitos e convém conhecê-los porque convém corrigir os seus efeitos negativos sobre a vida social.

Um desses princípios é o de que o mercado deve funcionar pela *lei da oferta e da procura*. E a esse mercado, e sob essa lei, afluem todos os elementos da vida econômica: as matérias-primas, a maquinaria, os produtos manufaturados, os transportes, os serviços e também — e aqui está o aspecto delicado do assunto — a mão de obra, o fator humano. É claro que a mão de obra não é uma mercadoria como as outras, mas o sistema econômico trata-a como se o fosse: entre as cifras que se alinham, é apenas um custo de produção, uma mercadoria que se oferece e se paga no mercado.

Por isso, no exercício da vida econômica, é preciso corrigir na prática essa deficiência teórica. Os Estados

6. ADMINISTRADORES, NÃO DONOS

intervêm: estabelecem as condições dos contratos, impõem exigências, protegem e controlam o mercado de trabalho: instituem seguros-desemprego, indenizações por acidentes de trabalho etc. Todas estas medidas contribuem para ordenar o que em princípio parecia desordenado, isto é, o que parecia ter posto os homens no mesmo nível das coisas.

O outro princípio também é bastante desconcertante sob o ponto de vista moral. Trata-se de um artifício jurídico: a *sociedade anônima*. Foi sobre esta fórmula que se construiu todo o entrançado da vida econômica moderna.

As sociedades ou entes morais não são nenhuma novidade: existiram desde que existem homens sobre a erra. Mas o que é novo e próprio das sociedades anônimas é que são unidades econômicas em que o elemento fundacional mais importante é o dinheiro, o capital social. São anônimas, isto é, impessoais; o sujeito fundamental não é uma pessoa real. Tudo se passa como se esse capital social interviesse diretamente na vida econômica com personalidade própria, como se fosse um sujeito real ao invés de um sujeito, de um homem responsável. Este é provavelmente o elemento que mais despersonaliza e esfuma a responsabilidade moral do sistema econômico.

Naturalmente, por trás do capital social, existem pessoas: uns proprietários, que são os que detêm as ações, os títulos de propriedade do capital original. São eles — os acionistas — os proprietários reais da empresa. Mas não são eles propriamente os agentes da vida econômica: é o capital que formaram. Depois que

MORAL: a arte de viver

o formam, essa sociedade está submetida a leis próprias; é, em certa medida, independente dos seus proprietários (na realidade, é melhor chamar-lhes acionistas).

Nas empresas de certo porte, contratam-se administradores profissionais para que as dirijam. E a relação do proprietário com a empresa torna-se sumamente tênue e... anônima. Na sua maioria, os proprietários limitam-se a receber periodicamente o rendimento das suas ações (dividendos do capital) e, muito de vez em quando, a tomar em assembleia geral algumas decisões importantes, como nomear os administradores e aprovar a sua gestão.

A relação torna-se ainda mais tênue se tivermos presente o papel das bolsas de valores. É o lugar onde se compram e vendem as ações, os títulos de propriedade das sociedades anônimas. Em um só dia, mudam de mão centenas de milhares de ações. Os valores são comprados e vendidos nesse mercado com critérios de rendimento econômico. Triunfam os valores que prometem mais benefícios e caem os que prometem menos, dando lugar a movimentos especulativos. Muita gente *joga* na Bolsa: compra uns valores e vende outros, numa incessante troca em que a única coisa que importa é a porcentagem de benefício: não importa se a empresa fabrica doces ou tanques, se constrói edifícios bonitos ou feios, se se preocupa de oferecer à sociedade um serviço ou não: de tudo isto ninguém sabe nada e, na realidade, pouco importa; só contam os indicadores econômicos.

É muito frequente que um acionista não tenha a menor noção dos ideários, métodos de trabalho, objetivos e serviços da empresa da qual é, em parte, proprietário. Comprou essas ações para obter um percentual anual,

6. ADMINISTRADORES, NÃO DONOS

e é isso o que espera do administrador da empresa. As outras questões ocupam um lugar marginal.

Este esquema exerce sobre os administradores profissionais uma pressão enorme; eles é que são atualmente os verdadeiros agentes da vida econômica. Mas estão extremamente condicionados pelo que se espera deles: antes de mais nada e quase que exclusivamente o lucro. Se têm outros ideais ou critérios, talvez possam pô-los em prática, sempre que não afetem o critério fundamental do lucro.

Tudo isto faz com que as sociedades anônimas intervenham na vida econômica como se fossem enormes mecanismos automáticos cuja única missão é gerar lucros. Tanto faz produzir tulipas ou organizar viagens de turismo; tanto faz explorar minas ou criar pássaros. O critério fundamental pelo qual uma empresa entra num ramo de atividade é a relação custo-benefício esperado.

A vida econômica parece, pois, um imenso mecanismo que se move exclusiva e quase automaticamente em função do lucro. Não leva em conta nenhum outro bem. É cego para qualquer outra coisa.

Obviamente, é muito difícil intervir neste campo com critérios morais. As legislações apenas delimitam o tipo de atividade das empresas para que não sejam delituosas. Os conselhos de administração e as juntas de acionistas podem transmitir critérios morais dos proprietários, mas muitas vezes, com uma ação na mão, não é possível saber se a empresa trabalha em pornografia ou em vendas de algodão (com frequência faz tudo ao mesmo tempo); se paga salários miseráveis ou suborna governos. Os administradores também têm, na orientação

MORAL: a arte de viver

da sua atividade, uma margem estreita de manobra, que lhes dificulta empregar outros critérios além do critério econômico fundamental.

É com isso que há que contar, porque é o sistema que existe. Os seus defensores ressaltam o enorme desenvolvimento a que deu lugar. E têm razão. Os detratores queixam-se de que o dinheiro não é o mais importante; de que o conceito de desenvolvimento que está por trás é muito pobre e que só propicia o desenvolvimento do consumo, mas não o do homem; que o sistema gera, muitas vezes automaticamente, autênticas injustiças que não percebe... Também têm razão.

No entanto, para a maioria dos homens, a discussão teórica sobre os benefícios e malefícios do sistema não serve para nada. Quase não temos condições de influir realmente nesse campo. Sendo assim, o importante é atuar o mais honestamente possível e informar-se até onde seja possível das implicações morais de cada decisão.

O acionista tem que procurar informar-se sobre a atividade e critérios da empresa. O administrador tem que ser consciente da sua margem de manobra e compreender que, na atividade econômica, os homens estão antes das coisas, que o objetivo de uma empresa não pode ser outro senão prestar um serviço à sociedade etc. E o Estado tem que tutelar o bem comum, cuidar da regulamentação jurídica da vida econômica, corrigir as suas falhas e castigar os abusos.

A mentalidade economicista não prevalece apenas no campo de atuação das grandes empresas. É comum ouvir dizer que "negócios são negócios", dando a entender que nos negócios "é preciso atuar friamente" (como se não se tivesse coração), sem deixar que se misturem outros

6. ADMINISTRADORES, NÃO DONOS

sentimentos além dos econômicos. Pensa-se como se o mundo dos negócios fosse um capítulo especial da vida humana. Mas isto é um erro.

Se para administrar bem é preciso tomar as decisões "racionalmente" ou "friamente", isso significa que a razão deve examinar e ponderar *todos os fatores* que intervêm, incluídos os que procedem do coração, que muitas vezes assinalam deveres de humanidade inescusáveis. É absurdo pensar que somos pessoas e temos que nos relacionar como tais só quando não há dinheiro de permeio. As decisões econômicas também são morais e também é preciso estabelecer nelas a adequada ordem de bens e deveres.

Em concreto, como o Papa João Paulo II repetiu incansavelmente, *as pessoas sempre estão acima das coisas*. Por isso é uma desordem — uma imoralidade — tomar decisões em matéria econômica sem considerar de que maneira afetam as pessoas que intervêm. Negócios são negócios, mas pessoas são pessoas.

7. O PRÓXIMO COMO A TI MESMO

Entre iguais

Nós, os homens, vivemos entre iguais. Os outros são nossos iguais. Não são iguais na cara, na roupa, no humor, na forma de pensar, na sua história ou nas suas aspirações: são iguais por serem homens como nós. Nesta simples apreciação baseia-se esse mandamento que é o resumo da segunda parte do Decálogo: "Amarás o próximo como a ti mesmo". Se são iguais a nós, é lógico que tenhamos que amá-los como nos amamos a nós mesmos. A igualdade básica entre os homens é a base da justiça: todos somos homens do mesmo modo; todos temos os mesmos direitos enquanto homens; todos temos que tratar-nos como iguais.

Mas o preceito não se limita à declaração de que somos iguais; diz, além disso, que devemos amar-nos. Isto representa uma opção, porque não é a única possibilidade. Encaradas as coisas sob um ponto de vista bastante naturalista, pode-se pensar que, precisamente por sermos iguais, também somos concorrentes: gostamos dos mesmos bens e os bens são normalmente escassos. A outra possibilidade seria vivermos simplesmente a lei da selva, a lei do mais forte, que é a que vigora no mundo animal: a lei dos ratos. Todos competem pelos mesmos bens e triunfa o mais poderoso; esse é o que

MORAL: a arte de viver

come primeiro e o que mais come. Os outros vêm atrás e comem o que podem.

Para que os homens não se destruam uns aos outros, estabelecem-se algumas normas legais e assim garante--se que todos possam comer um mínimo. Para isso, é necessária uma autoridade que opere a distribuição e corrija os abusos. É precisamente esta a função que se costuma atribuir ao Estado.

Mediante instrumentos legais, o Estado reconhece que todos os cidadãos detêm alguns direitos fundamentais. Depois — na medida em que tem intenção política e capacidade de impor as suas leis, e os cidadãos vontade de obedecer — consegue-se que todos os homens, ou pelo menos a maioria, exerçam efetivamente uma série de direitos que lhes dão acesso a bastantes bens fundamentais. Assim acontece nas sociedades desenvolvidas.

Mas também nas sociedades desenvolvidas vigora a lei da selva, especialmente naquilo que não é abrangido pelas leis; acontece com frequência nessas sociedades que cada um busca o seu próprio proveito e o mais poderoso se impõe ao mais fraco. Com esta mentalidade, os outros só interessam na medida em que se pode obter deles um bem ou um mal: quando são subordinados, são vistos como um bem próprio (a isto se chama exploração); quando são concorrentes, como um mal próprio (a isto se chama inveja).

Evidentemente, isto já não pode ser corrigido à força de leis. Não se pode corrigir o interior do homem por meio de leis; não se pode conseguir por decreto que os cidadãos amem os seus próximos; a caridade não pode ser imposta de fora. É uma questão moral, que pertence ao exercício da liberdade de cada um.

7. O PRÓXIMO COMO A TI MESMO

O preceito moral "amarás o próximo como a ti mesmo" vai muito além do mero *respeitar* o quadro legal e os direitos fundamentais de todos os homens, embora os inclua. *Amar* significa querer o bem para aqueles que nos rodeiam; não simplesmente não incomodá-los ou não lhes fazer mal. Significa que é preciso querer positivamente para os outros os bens que queremos para nós. Exige-se, portanto, uma efetiva solidariedade.

Quando falamos atrás das coisas que nos rodeiam, dissemos que é um princípio moral fundamental que todas as coisas merecem respeito simplesmente por existirem. No entanto, quando se trata de iguais, *não basta o respeito, mas pede-se amor.* É que o homem tem uma qualidade especial, que o situa por cima de qualquer outra coisa. O respeito que o homem merece é de tal grau que se lhe chama amor.

Amor significa sempre doação ou, pelo menos, disposição de doação: amar é — segundo a definição clássica — querer o bem para o outro, dispor-se a dá-lo ao outro; de certo modo, é dar-se ao outro. As coisas não merecem o nosso amor: podemos ter afeto por elas, mas não devemos entregar-nos a elas. Os homens, porém, merecem amor: *devemos* amar os nossos semelhantes.

E *devemos amá-los pela razão fundamental de que são homens.* Não por serem altos ou baixos, negros ou brancos, pobres ou ricos, não por nos agradarem sob algum aspecto, mas pelo que são: por serem homens. Isto quer dizer que é preciso amar também aqueles que, por alguma razão acidental, são menos amáveis: os importunas, os fracos, os enfermos, os necessitados, bem como os maçantes, os injustos, os perversos. Não é que se deva amá-los por serem perversos ou injustos, mas

MORAL: a arte de viver

por serem homens. Não é que se deva amar a maldade que demonstram, mas a sua condição humana. É preciso odiar a maldade que há neles: quereríamos vê-la destruída porque lhes queremos bem.

É preciso habituar-se a olhar primeiro o homem e depois as suas circunstâncias: esta é a educação de que o amor ao próximo precisa. O mais importante no nosso próximo não é a sua forma de vestir, nem o seu aspecto, nem a sua raça, nem o seu passado: o mais importante é que é um semelhante, um como nós. Esta é a ótica correta. O preceito cristão não diz: "Ama aquele que te é simpático", mas "ama o teu próximo e ama-o como a ti mesmo, porque é teu semelhante". Basta que, por uma causa ou por outra, ele se aproxime de nós para que tenhamos a obrigação de amá-lo assim.

Os bens e os males do próximo

Amar o próximo significa querer-lhe bem, desejar os bens e evitar-lhe os males. Quais os bens que devemos desejar para o próximo e que males devemos evitar-lhe?

O princípio cristão do amor ao próximo é muito pedagógico a este respeito: é preciso desejar ao próximo o que desejamos para nós e não lhe desejar o que nós não desejamos. Cada um de nós tem uma sensibilidade muito aguda para reconhecer quais são os bens que o favorecem e os males que o prejudicam. Trata-se de tirar daí experiência para tratar os outros.

O primeiro bem que todos os homens desejam é *a vida e a integridade física*. É preciso querer para todos o que as possa manter e evitar o que as possa prejudicar. Por isso, são gravemente imorais os atentados contra a

7. O PRÓXIMO COMO A TI MESMO

vida do próximo; e também qualquer agressão que possa prejudicar-lhe a saúde: as pancadas, os maus-tratos, as mutilações etc.

Só em caso de legítima defesa é que podemos prejudicar a saúde de um semelhante, não pelo desejo de prejudicar, mas pelo direito que temos de conservar a nossa própria vida ou integridade. Mas a nossa reação deve ser proporcionada ao ataque: não podemos tomar a iniciativa (atacar primeiro) nem reagir causando um mal maior do que aquele que podemos receber; se uma pessoa nos dá um sopapo, isso não nos autoriza a dar-lhe um tiro. Tudo o que podemos fazer honestamente é defender-nos. Mas não é lícito vingar-se: devolver o mal que nos fizeram. Pode-se exigir do próximo a reparação do mal, mas não se repara o mal causando um mal equivalente. A vingança nunca é lícita: pode ser lícito e até necessário o castigo, porque às vezes tem um valor educativo, mas não a vingança. Além disso, o castigo compete, normalmente, à autoridade; ninguém pode fazer justiça com as próprias mãos.

Todos desejamos conservar a nossa saúde e usufruir dos *bens mínimos* que nos permitem sobreviver. Quando se padeceu necessidade, sabe-se perfeitamente como esses bens são importantes e como se pode chegar a desejá-los. Por isso, não nos pode deixar indiferentes saber que muita gente no mundo vive abaixo dos umbrais mínimos. Talvez em outras épocas não se fosse tão consciente disso, porque as comunicações eram piores; mas hoje conhecemos essas necessidades e até as vemos pela televisão. Por isso essas pessoas, talvez física e culturalmente afastadas de nós, passaram a ser os nossos próximos. As comunicações fizeram

MORAL: a arte de viver

com que se aproximassem de nós. Não podemos viver despreocupados: conhecer as necessidades que passam obriga-nos a fazer o que esteja ao nosso alcance para remediá-las.

Costuma ser difícil fazer algo realmente prático nesse sentido, mas é preciso fazer o que se possa. Pode-se e deve-se ajudar tantas organizações que tentam minorar esses problemas. Pode-se e deve-se colaborar para que as nações desenvolvidas adquiram consciência do serviço que devem prestar às nações menos favorecidas. É preciso fomentar a solidariedade entre as nações como é preciso fomentá-la entre as pessoas. Às vezes, é possível também prestar um serviço pessoal, dedicando alguns anos a servir nas diversas organizações de voluntariado. E em qualquer caso, a pobreza de muitos parece impor-nos um estilo de vida.

Mas nem todos os pobres estão longe: também estão perto. Nas sociedades desenvolvidas, costumam-se criar *bolsões de pobreza,* que são rincões da sociedade onde se depositam os indivíduos "inadaptados": pessoas sem formação, emigrantes, nômades etc. Vão ficando à margem do fluxo da sociedade como se decantam os restos na margem dos rios. Costumam suscitar problemas muito difíceis de resolver, porque viver marginalizado da sociedade traz consigo a carência de muitos hábitos de convivência, de trabalho etc. Muitas vezes, a inadaptação — a diferença de mentalidade e costumes — é de tal calibre que a integração numa atividade social normal é praticamente impossível. Ordinariamente, são necessárias organizações especializadas para cuidar desses casos com eficácia. Muitas vezes, os Estados ocupam-se deles com maior ou menor acerto. Mas alguém tem que

7. O PRÓXIMO COMO A TI MESMO

tomar a iniciativa, e bem pode ser que devamos ser nós a tomá-la. Em todo o caso, não é possível permanecermos indiferentes: não ter os meios para resolver um problema não nos permite ignorá-lo.

Entre os bens desejáveis para todos os homens está a *propriedade*. Quem vive estritamente com o necessário vive sem folga, com a preocupação de que possa faltar-lhe no futuro o que tem no presente. Poder dispor de bens com certa margem (ter um pouco mais do que o estritamente necessário para sobreviver) dá liberdade. Ser dono de coisas aumenta o sentido de responsabilidade, realça a personalidade humana e proporciona autonomia; permite assegurar o futuro e trabalhar com mais possibilidades no presente.

Quando dizíamos que o homem foi colocado como chefe da natureza para que cuide e se sirva dela, é preciso ter presente que, para a fé cristã, essa administração da natureza incumbe a todos os homens: é um princípio que se chama *destino universal dos bens*. Todos os homens, pelo mero fato de terem nascido, têm direito a participar do patrimônio de bens materiais e espirituais da humanidade. O modo como a propriedade está repartida deve-se a razões práticas e históricas, que são variáveis e modificáveis. O direito de propriedade não é um direito absoluto: é um princípio de ordem que está submetido a outro grande princípio, que é o destino universal dos bens; por isso, há situações em que pode ter que ceder. Pesa sobre toda a propriedade particular o que João Paulo II designou por *hipoteca social*. Por isso, é preciso fazer o possível para que a repartição dos bens materiais e espirituais seja equitativa.

Além disso, é um benefício para a sociedade que a propriedade esteja bem repartida, isto é, que sejam muitos os proprietários de bens. Quando os bens se concentram em poucas mãos, costuma-se abusar deles e dissipá-los. Quando a propriedade se difunde, as coisas são mais bem-cuidadas e delas se tira maior rendimento. Por estas razões, é desejável que todos possam alcançar com facilidade alguns bens em propriedade: moradia, campos, negócios, ações etc. Em nível geral, cabe ao Estado procurar difundir a propriedade, mas cada um pode procurar fazê-lo no âmbito dos que dependem dele: parentes, subordinados etc.

É por esta razão — porque a propriedade é conveniente para o homem — que o *roubo* constitui um atentado contra a dignidade humana: significa privar alguém do que é legitimamente seu. E exige restituição: é preciso devolver a quem se roubou o que lhe foi tirado ou, pelo menos, o seu equivalente.

Ao falar de roubo, não se deve pensar só no ladrão que entra à noite pela janela para levar o que está dentro do cofre. Há muitos outros tipos de roubo. É um roubo, por exemplo, enganar um cliente para tirá-lo de outra empresa. É um roubo copiar sem permissão uma patente. É um roubo conseguir um contrato mediante suborno, quando este estava para ser dado a outro. E há práticas comerciais que são equivalentes ao roubo: por exemplo, o *dumping* praticado por uma grande empresa que mantém os seus preços artificialmente baixos à espera de que os pequenos concorrentes se afundem e assim possa estabelecer um monopólio e subir os preços. É um roubo não trabalhar o devido. É um roubo não prestar o serviço contratado. É um roubo não vender

7. O PRÓXIMO COMO A TI MESMO

as coisas com a qualidade ou a quantidade prometida ou enganar de qualquer modo nos bens que se vendem ou no serviço que se presta.

Em geral, é bastante fácil perceber o que é bom e o que é mau em relação aos bens materiais, e por isso não é preciso insistir muito neste aspecto. Mas esses bens não são os únicos. Cada homem tem também um patrimônio de *bens imateriais* que podemos prejudicar. E muitas vezes não damos importância a isso.

Cada pessoa tende a respeitar-se a si mesma e espera que os outros a respeitem. Esse respeito que espera dos outros — e a que tem direito — chama-se *honra*. É algo muito sutil, mas muito importante, porque afeta muito diretamente a dignidade da pessoa. *Todos têm direito a ser tratados como pessoas;* isto é, a que não se grite com eles, a que não os envergonhem diante dos outros, a não serem insultados, humilhados ou ultrajados. Isto exige que se trate a todos com consideração e delicadeza, embora às vezes pareça que não o merecem.

Devem-se viver com todos as normas da boa educação e da cortesia que estão em vigor na nossa sociedade. É a forma de manifestar o respeito que todos nos merecem. Essas práticas são, com frequência, fruto de uma rica experiência humana; por isso, é preciso valorizá-las e usá-las com todos: pedir as coisas por favor, agradecer os serviços prestados, dirigir-se a todos em tom amável, prestar atenção ao que nos dizem etc. Não se deve fazer passar a ninguém um mau momento ou um sufoco sem motivo. É preciso evitar o que possa humilhar ou fazer que alguém se sinta muito constrangido, infeliz ou deslocado.

MORAL: a arte de viver

Devemos cuidar destes aspectos especialmente com os subordinados. Uma pessoa que esteja às nossas ordens ou ao nosso serviço nem por isso deixa de ser pessoa ou de ter dignidade; não perde o título pelo qual deve ser tratada com respeito. A sua dependência em relação a nós não nos autoriza a gritar-lhe, a maltratá-la ou humilhá-la, antes pelo contrário devemos tratá-la como gostaríamos que nos tratasse. É muito prático pôr-se no lugar das pessoas que dependem de nós.

Outro bem imaterial importante de uma pessoa é a boa opinião que os outros têm a respeito dela: isto é, *a boa fama*. É imoral prejudicá-la sem motivo. É imoral falar mal de alguém por mania ou por ódio, mas também o é quando se faz por brincadeira ou por frivolidade; por espírito de fofoca ou simplesmente por mau costume. Murmurar é uma maneira feia de roubar ao próximo a boa fama a que tem direito. É igualmente imoral revelar sem motivo o que uma pessoa fez de errado, mesmo que tenhamos a certeza de que corresponde à verdade; chama-se a isso difamação. E se o que dizemos é falso, a imoralidade é maior; chama-se a isso calúnia e é mais grave que o roubo, porque a fama vale mais que o dinheiro.

Às vezes, é preciso falar mal de alguém; por exemplo, quando temos obrigação de informar. Pode ser necessário denunciar uma pessoa, pôr de manifesto um comportamento incorreto a quem o pode corrigir, dizer quem é mais apto para uma função ou quem não é apto etc. Em todos estes casos, em que há a obrigação de falar, é preciso dizer a verdade, mesmo que não seja positiva, mas devemos tratar os outros como gostaríamos de ser tratados. Em geral, é melhor preferir a

7. O PRÓXIMO COMO A TI MESMO

explicação que os deixa melhor e que ressalva as suas boas intenções. Muitas vezes, é preciso compreender a fraqueza do próximo. E saberemos compreendê-la melhor se tivermos presente a nossa: vemos as falhas do próximo sob uma luz diferente quando nos lembramos das nossas.

Ainda há outros bens que devemos desejar aos nossos próximos. Por exemplo, é preciso desejar para todos *os grandes bens:* a formação humana, a cultura, o trabalho; o conhecimento da verdade, especialmente das verdades que iluminam o sentido da vida. É preciso desejar para todos os laços do amor e da amizade, que dão profundidade à vida humana e a tornam feliz. E é preciso desejar-lhes também o encontro com Deus, que é o maior bem de qualquer vida humana. Uma parte importante da nossa vida — e mesmo toda — deveria orientar-se neste sentido: proporcionar bens aos outros, dos mais altos aos mais corriqueiros.

Para concluir este subtítulo, enumeremos as boas obras que devem ser vividas em relação ao próximo. São *as obras de misericórdia.* Durante séculos, os cristãos aprenderam no catecismo um pequeno resumo das boas obras que podiam viver com os seus próximos. Dividiam-se em dois grupos de sete para recordá-las com facilidade. Algumas têm um grato sabor de coisa antiga, mas ainda fazem pensar e podem servir de guia.

As primeiras sete chamam-se corporais, e as segundas, espirituais. As *corporais* estão inspiradas, em parte, numa passagem dos Evangelhos — o Juízo final — que veremos mais adiante:

MORAL: a arte de viver

1. Dar de comer a quem tem fome.

2. Dar de beber a quem tem sede.

3. Vestir os nus.

4. Dar pousada ao peregrino (ajudar os que peregrinam; antigamente, com frequência, as viagens eram de penitência, e as pessoas levavam apenas a roupa do corpo).

5. Visitar (e cuidar) os doentes e encarcerados.

6. Remir os cativos (pagar o resgate das pessoas capturadas como prisioneiros ou escravos).

7. Enterrar os mortos (não permitir que o cadáver de um homem fique abandonado, sem enterrá-lo dignamente).

Algumas destas obras pertencem a épocas passadas. Vestir o nu, por exemplo, já não significa a mesma coisa que faz séculos, quando todos os bens eram caros e escassos e muitos viviam durante anos cobertos com os mesmos farrapos. Já outras continuam a ter a mesma ou até mais atualidade. Hoje em dia, continua a haver doentes, bem como muitos, muitos, anciãos solitários...

As obras de misericórdia *espirituais* sofreram menos com o passar do tempo e têm praticamente a mesma vigência que tiveram durante séculos.

1. Dar bom conselho a quem precisa.

2. Ensinar os ignorantes (transmitir o saber é um grande serviço).

3. Corrigir os que erram (saber ajudar os outros a vencer os seus erros, defeitos e limitações).

4. Consolar os aflitos.

5. Perdoar as injúrias (passar por alto as ofensas que se receberam, procurando esquecê-las imediatamente).

6. Sofrer com paciência as fraquezas do próximo (especialmente das pessoas com quem convivemos: esses defeitos que se repetem e se repetem...).

7. Rogar a Deus pelos vivos e defuntos.

Com os mais próximos

Existem circunstâncias na vida que fazem com que o próximo se torne mais "próximo", isto é, que o próximo se aproxime mais. É o que acontece, por exemplo, quando se estabelece algum laço especial.

O homem é um ser capaz de estabelecer compromissos. Pode dispor de seu futuro porque é dono de si mesmo e *é capaz de comprometer-se num pacto*: a isto se chama dar a palavra. Quando damos a nossa palavra, quando nos comprometemos com alguém a alguma coisa, nascem alguns deveres reforçados. E chama-se *fidelidade* ao cumprimento da palavra dada. Homem fiel é o homem de palavra, o homem que é capaz de realizar aquilo a que se comprometeu.

Na vida, há pactos de muitos tipos. Há pactos comerciais, em que se compra ou se vende alguma coisa; há pactos em que não estão em jogo coisas, mas a atividade das pessoas: o seu trabalho; e há pactos especiais, em que estão em jogo as próprias pessoas, como acontece na amizade ou no casamento.

Do pacto nasce um dever peculiar que se mede pelas condições em que o pacto foi feito: é preciso cumprir

MORAL: a arte de viver

o combinado, a não ser que a outra parte não o cumpra. Se prometi pagar tal quantia por um trabalho, fico obrigado a pagá-la desde que esse trabalho se realize. E é uma obrigação de justiça.

Em princípio, deve haver *equidade* nos pactos. Equidade quer dizer equilíbrio: uma certa correspondência entre o que se dá e o que se recebe. A razão de que seja assim é que nós, os homens, somos iguais. Por isso, não é moral aproveitar-se de um mau momento do próximo para impor-lhe condições desvantajosas. Seria imoral, por exemplo, comprar uma casa por uma bagatela só porque o dono está muito necessitado de dinheiro e se vê obrigado a vendê-la por qualquer preço.

Os pactos que se referem a pessoas são, logicamente, muito mais delicados que os que se referem a coisas. A *contratação do trabalho* é muito mais delicada que a venda ou a troca de produtos. Uma pessoa não é nunca um objeto; por isso, é preciso ter um cuidado especial em tratá-la com o respeito que merece, mesmo nos contratos. Também seria imoral contratar uma pessoa por um salário abusivamente baixo porque passa necessidade ou porque é contratada no "mercado negro": isso é imoral mesmo quando a outra parte está de acordo. Ninguém tem o direito de despojar-se da sua dignidade de homem.

Quando se contrata um trabalho e se sabe que o contratado vai viver desse trabalho, a remuneração tem que permitir-lhe viver dignamente. Caso contrário, não haveria realmente equidade, mas injustiça, digam o que disserem os preços do mercado, as leis ou os costumes locais. Neste caso, quem contrata não pode limitar-se a cumprir os termos do acordo, mas deve certificar-se

7. O PRÓXIMO COMO A TI MESMO

de que o estipulado é digno de uma pessoa e de que continua a ser digno ao longo do tempo.

Quanto aos pactos em que o objeto são as próprias *pessoas* — como é o caso da amizade e do casamento —, dão origem a deveres de *fidelidade* muito sérios. Geralmente, a *amizade* não nasce de um pacto explícito. O compromisso da amizade surge e reforça-se à medida que os amigos compartilham a sua intimidade. Ainda que nunca se tenha explicitado, o pacto existe realmente e origina obrigações de fidelidade. Há uma fidelidade peculiar ao amigo, que consiste em saber estar perto dele nos momentos difíceis, em ajudá-lo, em defendê-lo dos que o criticam injustamente, em falar sempre bem dele etc. Qualquer lesão a essa fidelidade destrói a amizade. Não é amigo fiel aquele que se envergonha do seu amigo, que não sabe sair em sua defesa, que não impede que seja difamado, que conta sem discrição o que lhe foi confiado na intimidade, que desaparece nas horas más.

Os compromissos entre pessoas, se são autênticos, exigem sempre entrega: não basta dar coisas, é preciso dar algo de si mesmo, é preciso sacrificar-se. Não existe autenticidade quando se faz depender a amizade do que se recebe dela. Isso não seria uma relação entre pessoas, mas um trato interesseiro: nestes casos, não se tem apreço pelo amigo como pessoa, mas por alguma coisa do amigo: pelo que tem de útil ou agradável para nós, pela sua simpatia, pelo seu dinheiro, pela sua influência etc. A verdadeira amizade não se baseia em nenhum interesse material e, portanto, não se destrói com os reveses da fortuna; antes pelo contrário, é nesses momentos que

MORAL: a arte de viver

se prova e se reforça. A amizade baseia-se na profundidade da pessoa: no que o amigo é, não no que tem. Por isso, os maus momentos são a pedra de contraste para reconhecer as verdadeiras amizades.

Coisa parecida acontece no *casamento,* ainda que seja uma relação pessoal muito mais complexa. Trataremos dele no próximo capítulo. Aqui basta-nos dizer que também é um compromisso entre pessoas.

As relações entre pais e filhos, entre irmãos, entre parentes, são relações especialmente estreitas. Não se pode falar de amor ao próximo sem considerar que, normalmente, *os primeiros próximos,* os seres humanos mais próximos são esses com quem estamos unidos pelos laços de sangue ou de parentesco.

Essas pessoas são as primeiras a quem devemos desejar bens e evitar males. Outra coisa seria uma desordem. E todos sabemos por experiência que isto tem as suas dificuldades. Precisamente por termos essas pessoas mais perto e por as conhecermos melhor, podemos cansar-nos do seu modo de ser, da sua conversa, das suas ideias ou dos seus defeitos. E é frequente que as tratemos pior do que aos que temos mais longe. Às vezes, precisamente por haver confiança, tratamo-las de um modo que seria estranho e completamente inaceitável na vida social. Há muitos homens que se dirigem à esposa, muitas mulheres que se dirigem ao marido e muitos filhos que se dirigem aos seus pais num tom que ninguém mais lhes aceitaria.

É frequente que uma pessoa encantadora na vida social seja insuportável em casa. A questão é que é fácil brilhar e ser amável e educado num momento de conversa, mas é difícil ser educado e amável com quem se está todos os

7. O PRÓXIMO COMO A TI MESMO

dias muitas horas. É preciso um esforço contínuo: saber passar por alto as coisas que podem ser desagradáveis, tirando-lhes importância; reprimir continuamente essa estranha vontade de "implicar" com os outros; essas pequenas farpas que se lançam onde há muita confiança; essas pequenas críticas com que se ataca incessantemente um pequeno defeito da outra pessoa; esses comentários levemente ferinos, esse imaginar que o outro faz as coisas para nos deixar nervosos; o tom sarcástico ou desagradável, a pequena sátira impiedosa, a susceptibilidade. Se não se combatem, essas ervas daninhas tornam a convivência insuportável e convertem num suplício uma relação humana que deveria ser fonte de felicidade.

É necessário um esforço continuamente renovado que leve as pessoas a estimar-se umas às outras, a perdoar-se mutuamente, a passar por alto as bobagens e os pequenos atritos, a pensar que não houve má intenção, a esquecer os pequenos agravos, sem os colecionar para recordá-los amargamente a cada passo. Em resumo, é uma questão de confiança e de entrega: é preciso que se esteja disposto a ceder e a amar, mesmo sem esperar ser correspondido. É a única maneira de amar a sério. Se todos se comportarem assim numa família, o ambiente converte-se numa bênção. E se nem todos forem capazes disso, pelo menos lembrem-se de que não existe outra maneira de viver honradamente.

Às vezes, cabe a alguns pôr o amor que falta a outros. Não se inventou outra maneira de alcançar a felicidade. O amor exige sempre sacrifícios. E a única coisa que torna felizes os homens é o amor, mesmo o amor não correspondido. Quem ama muito é sempre feliz, ainda que não faltem motivos de amargura.

MORAL: a arte de viver

Amor a Deus e ao próximo

O cristianismo tem muito a dizer no que se refere ao relacionamento com o próximo, sobretudo porque pensa que *todos os homens são filhos de Deus.*

Por isso, é preciso amar todos os homens e por isso não se pode considerar ninguém como inimigo nem se adquire nunca o direito de maltratar ou desprezar seja quem for. Pode acontecer que alguém se considere nosso inimigo, mas nós não devemos considerar ninguém como inimigo. Assim se explica que o Senhor mande amar os inimigos e fazer bem aos que nos perseguem e caluniam, como se lê no Evangelho de São Lucas (6, 27-38).

A lógica de Deus é bastante diferente da dos homens. Deus quer vencer pela força do amor, não pela violência. Não quer que se vençam os inimigos destruindo-os, mas amando-os. Espera que assim percebam o seu erro, embora saiba que alguns não o perceberão nunca...

São João da Cruz escreveu: "Onde não há amor, põe amor e tirarás amor". É o modo de agir de Deus, que *nos amou primeiro,* no dizer de São João (1 Jo 4, 19). Quando o cristão se esforça por amar os inimigos, imita esse amor de Deus. Não ama só os homens que lhe fazem bem, mas todos os homens, porque quer que todos sejam bons. Isto pode parecer uma loucura, e certamente o é para aquele que não penetrou na lógica cristã.

Quem não penetrou nessa lógica pensa que com esse sistema tudo lhe correrá mal, que no mundo não se pode ser ingênuo, que, se alguém se descuida um pouco, logo abusam dele. E é verdade. Mas é preciso considerar uma coisa: se todos pensarmos assim e nos comportarmos assim, o mundo continuará a ser egoísta para sempre.

7. O PRÓXIMO COMO A TI MESMO

É preciso mudar de lógica. Naturalmente, isto pode às vezes acarretar alguma perda. É natural: uma coisa tão importante não pode ser conseguida sem que custe um pouco ou mesmo muito.

É preciso ver no próximo um filho de Deus; sempre o é, ainda que vez por outra não o pareça. E aprender a amar *com o amor de Deus*. É o que Cristo pediu aos seus discípulos quando se despedia deles: *Um mandamento novo vos dou: que vos ameis uns aos outros. Como eu vos amei, amai-vos também uns aos outros. Nisto conhecerão todos que sois meus discípulos, se tiverdes amor uns pelos outros* (Jo 13, 34-35). O cristão tem que aprender a amar o seu próximo com o amor de Cristo, que é o amor de Deus.

Amar com o amor de Deus quer dizer amar também com o amor que Deus nos dá, porque, sem a ajuda de Deus, o homem seria incapaz de amar assim. Por isso, é preciso pedir humildemente esse amor: pedir a Deus o seu amor, para amar com o amor de Deus. Não se acredita nisto enquanto não se experimenta. Mas a Igreja tem uma experiência muito rica do que é o amor a Deus e o amor ao próximo.

Durante séculos, esse amor ao próximo foi o *sinal distintivo dos verdadeiros cristãos*. É verdade que muitos cristãos ao longo da história não se comportaram como tais. Isto não pode causar estranheza a ninguém. Basta perceber que hoje acontece o mesmo; também nos nossos dias há muitos que se chamam cristãos e não vivem como cristãos, porque não sabem ou não querem.

Mas também é verdade que a história está sulcada por um rastro inegável de luz. Quantos homens sacrificaram a vida, ocultamente, sem nenhum brilho, por amor ao próximo! Quantos milhões de religiosos e religiosas,

MORAL: a arte de viver

por exemplo, gastaram a vida atendendo doentes, tratando de crianças abandonadas, dando abrigo aos mais miseráveis que ninguém queria! Quantos milhões de simples cristãos souberam sacrificar-se por amor, no seio de uma família, atendendo doentes anciãos, crianças, suportando, às vezes, condições humanas duríssimas! Quanto heroísmo se descobre quando se penetra um pouco na alma de tantas pessoas normais que estão perto de Deus! Então se percebe que é verdade que há sobre a face da terra muitos que amam com o amor de Deus. Tudo isto é um testemunho patente da bondade do cristianismo: basta aproximar-se para comprová-lo. E quem se aproxime mais ainda poderá chegar a vivê-lo, o que é o único modo de perceber o alcance real que tem este modo divino de viver sobre a terra.

O cristão que conhece bem a sua fé sabe que encontra a Deus em cada homem, porque cada homem é *imagem de Deus* e especialmente encontra-o nos mais necessitados. Os Evangelhos contêm um texto assombroso em que o Senhor, com uma linguagem mais ou menos figurada, explica como será o Juízo final, isto é, com que critérios os homens serão julgados. A cena desenvolve-se assim segundo São Mateus:

Serão congregados todos os povos. Ele (Cristo) separará uns dos outros como o pastor separa as ovelhas dos cabritos. Colocará as ovelhas à sua direita e os cabritos à sua esquerda. Então o Rei dirá aos da sua direita: "Vinde benditos de meu Pai, recebei a herança do reino preparado para vós desde a criação do mundo. Porque tive fome e me destes de comer; tive sede e me destes de beber; era peregrino e me acolhestes; estava nu e

7. O PRÓXIMO COMO A TI MESMO

me vestistes; doente e me visitastes; estava na prisão e viestes visitar-me..."

Se nos detivermos um momento nestas palavras, observaremos que se referem precisamente às *obras de misericórdia* que mencionamos neste capítulo ao falarmos dos bens e males do próximo. Mas essas palavras do Senhor parecem surpreender os justos que as ouvem, pois o texto evangélico continua assim: *Então os justos responder-lhe-ão: "Senhor, quando foi que te vimos faminto e te demos de comer, sedento e te demos de beber? Quando foi que te vimos peregrino e te acolhemos, ou nu e te vestimos? Quando foi que te vimos doente ou na prisão e te fomos visitar?"*

Ficam desconcertados porque não se lembram de ter feito nada disso com o Senhor. Mas o Senhor responde deste modo tão impressionante: *O Rei dir-lhes-á: "Em verdade vos digo que tudo o que fizestes a um destes meus irmãos mais pequenos, a mim o fizestes"* (Mt 25, 32-40).

8. TRANSMITIR A VIDA

A verdade do sexo

Temos que entrar agora num tema esperado: a moral sexual. Por alguma razão, tende-se a considerar a moral sexual como se fosse o aspecto mais importante, se não o único, da moral. Na realidade, a sexualidade não é o eixo da moral, embora seja um tema muito importante. Não é diferente de outros, e também não precisa de regras ou leis especiais. Trata-se de ouvir a voz da natureza, a voz das coisas que nos dizem o que são.

Mas é um tema difícil de tratar porque existe confusão, e a confusão impede de perceber com clareza os termos do problema. Existe confusão porque se faz muito barulho: muitas coisas que gritam, muitos sofismas, muitas ideias preconcebidas, muitos conceitos distorcidos, que impedem de ver as coisas com serenidade. É preciso parar um momento para meditá-las. Aqui trataremos do sexo em sentido ascendente: isto é, subiremos do aspecto físico do sexo até os seus aspectos pessoais e sociais.

Para começar, convém ver onde está o principal motivo da confusão. No homem, como também nos animais, o *instinto* sexual é uma inclinação muito forte. E esse instinto reforça-se porque o exercício das faculdades sexuais produz um *prazer* específico.

É evidente que esta é uma das razões que mais confundem, porque introduz um elemento fortemente passional.

MORAL: a arte de viver

Se o sexo não produzisse prazer, tudo seria diferente. Como também tudo seria diferente se, por exemplo, proporcionasse prazer comer os dedos do próximo... A nossa sociedade seria radicalmente diferente se todos gostássemos irresistivelmente dos dedos do próximo. Seria uma grande sorte chegarmos a velhos com todos os dedos no seu lugar. Por sorte, a ideia de comer os dedos do próximo não é nada atraente e, portanto, não é necessário tomar nenhuma precaução especial nem entrar em considerações morais sobre se é lícito ou não e como e quando comer os dedos do próximo. Não apetece nada e, portanto, assunto encerrado. Já o uso do sexo produz prazer e isto confunde a situação e dá trabalho aos moralistas.

O problema não é, como muitos parecem pensar, que o prazer seja mau. Como já vimos antes, na moral os bens são bens e o prazer é um bem. O mal só aparece quando não se respeita a ordem de bens e deveres que é necessário observar. O sexo é uma realidade muito rica: além do prazer, põe em jogo bens e deveres muito altos da pessoa e da sociedade. O problema do sexo é que o prazer, por ser forte, tende a absorver a atenção e a produzir desordens que são graves precisamente porque leva a desconsiderar os outros bens que estão em jogo.

O prazer sexual é um tipo de prazer peculiar, não redutível a outros. Trata-se de um prazer físico (uma sensação), não de um prazer estético (como o que produz contemplar uma paisagem), nem de um gozo espiritual (como o que proporciona o carinho), nem é, certamente, a felicidade. Ninguém pode confundir a felicidade, que é um estado de plenitude humana, com o exercício do

8. TRANSMITIR A VIDA

sexo, que, quando muito, proporciona uns momentos de prazer físico mais ou menos efêmeros.

Sendo um prazer físico, está submetido a todas as leis corpóreas: é limitado, é transitório e depende de muitas circunstâncias incontroláveis. Além disso, como todos os prazeres físicos, tende a um rendimento decrescente. Quando se come pela primeira vez um prato delicioso, experimenta-se um impacto enorme; à medida que se vai repetindo, o impacto é menor; se se perde o sentido da medida, no fim come-se por comer, sem que se produza realmente prazer, mas apenas a satisfação transitória de uma ansiedade. Coisa parecida acontece com o sexo. Não é de mau gosto recordá-lo, porque seria mau esperar do sexo mais do que pode dar. E não se pode esperar que um prazer físico proporcione mais.

De qualquer maneira, a questão principal não é esta. Se nos referimos por um momento à questão do prazer, é porque facilmente turva a compreensão da moral sexual. A primeira chave da moral sexual não é o prazer, mas a *função natural da sexualidade*. É necessário concordar com uma verdade muito simples: a função sexual está ordenada para a *transmissão da vida*. Não se pode falar do sexo sem ter presente esta *verdade biológica* tão elementar e tão evidente: a função sexual serve para transmitir a vida. O sexo é uma realidade muito rica, na qual é preciso levar em conta também muitos outros aspectos que veremos mais adiante, mas a base é esta.

Os órgãos sexuais do homem e da mulher são complementares e estão dispostos para facilitar a reprodução. O exercício da função sexual costuma ter esse efeito natural, independentemente da vontade dos que o exercem. Simplesmente, deixando atuar a natureza,

MORAL: a arte de viver

chega-se a isso. A atração sexual é como um mecanismo biológico que facilita a conservação da espécie. E o prazer sexual é como um adorno dessa função que a torna mais atraente.

Toda a moral sexual baseia-se nesta verdade biológica que não faz mal repetir: o exercício da função sexual ordena-se, pela sua própria natureza, para a transmissão da vida. O bem do prazer, que é um bem individual, está ordenado para o bem da espécie. Aqui está a primeira chave da moral sexual, esta é a verdade do sexo, esta é a voz da natureza.

Se o sexo ocupa mais os moralistas que a digestão é, principalmente, por causa desse pequeno detalhe que é o prazer sexual ou, se se preferir, por causa da atração sexual reforçada pelo prazer. Isto é o que altera os termos. Não existe moral da digestão porque a digestão não suscita nenhum problema: ninguém publicaria nada sobre o tema porque não venderia um só livro; o normal é que as pessoas se comportem de acordo com o previsto pela natureza. A questão sexual não seria tão difícil se não fosse a força da inclinação sexual que atua como elemento perturbador. Isto é o que dá lugar ao excepcional interesse que produz essa função biológica: a abundância de literatura, de enciclopédias, de cursos, de conferências, de especialistas etc. Tudo se fundamenta neste pequeno detalhe.

O sexo ordena-se para a transmissão da vida como o aparelho digestivo se ordena para a digestão. Então, *a primeira grande questão da moral sexual é saber se é lícito separar estas duas coisas que estão unidas pela natureza: o prazer sexual e a transmissão da vida.* Isto é: se é razoável procurar o prazer sexual sem respeitar a sua ordenação

8. TRANSMITIR A VIDA

para a transmissão da vida — coisa que pode acontecer se não se desenvolve o ato sexual como a natureza o ordenou ou se se impede, por algum meio, que se produza uma nova vida. É digno do homem que procure o bem do prazer sem respeitar o bem que a natureza procura com a função sexual?

Voltemos ao caso da digestão. Contam que, nas épocas mais decadentes do Império Romano, estendeu-se entre as classes mais abastadas o costume de organizar grandes banquetes. A quantidade e diversidade dos manjares era tão grande que os convidados se empanturravam até não poder mais. Então, introduziu-se o costume de vomitar para poder continuar a comer e experimentar novos e deliciosos alimentos. Desse modo, separava-se o prazer natural proporcionado pelo ato de comer da função biológica que é alimentar-se: comia-se buscando o prazer, mas deixando sem sentido a função biológica. Isto é moral, quer dizer, digno do homem?

A questão de comer e vomitar para continuar a comer repugna tanto à nossa sensibilidade moderna — é tão *feio* — que facilmente se entende que é uma desordem. Há algo de degradante em manipular a função com que o homem foi dotado pela natureza para provocar um pequeno prazer. O prazer que a comida proporciona — que é um bem — fica sem sentido quando se força a função de alimentar-se para a qual esse prazer se ordena. É evidente que é imoral separar aqui prazer e função biológica.

Pois bem, algo de semelhante acontece no exercício das funções sexuais. O enfoque não muda só porque o prazer sexual é mais intenso que o de comer. É imoral separá-lo da sua função biológica natural, ainda que para a sensibilidade moderna não seja tão repugnante, talvez porque está farta de vê-lo.

É imoral procurar o prazer sexual fora das relações conjugais entre um homem e uma mulher, e é imoral também o uso da sexualidade entre um homem e uma mulher quando é privada da sua orientação natural para a transmissão da vida. Quando se usam medicamentos ou instrumentos para impedir a concepção, *é como comer e vomitar*. O homem está feito assim.

O tabu sexual

É preciso dar um passo mais; é necessário subir outro degrau. Tendo por base a verdade biológica do sexo, vamos falar agora dos aspectos humanos e sociais que dão uma enorme importância a esta função.

A função sexual não é uma função biológica qualquer, mas é precisamente o modo de *transmitir a vida a novos homens*. Assim se compreenderá facilmente um raciocínio que está implícito em todas as grandes religiões e culturas do passado e que F.J.Sheed expressou com grande acerto: *"A vida deve ser sagrada, o sexo deve ser sagrado e o casamento deve ser sagrado"* (*Society and Sanity*, 9, 3). A vida humana é sagrada; portanto, o sexo, que é a fonte da vida humana, é sagrado; portanto o casamento, que é o âmbito em que se exerce essa função, é sagrado.

A este *respeito religioso* pela sexualidade, que se manifestava em regras morais muito precisas e graves, chamou-se *tabu*. A sexualidade foi efetivamente para todas as religiões algo sagrado, um tabu. Isto quer dizer apenas, independentemente das diferentes manifestações culturais, que é algo que deve ser tratado com muito

8. TRANSMITIR A VIDA

respeito; que não é uma coisa como as outras, mas requer uma atenção particular.

A nossa cultura perdeu muita sensibilidade neste terreno. Não soube compreender *o caráter profundamente sábio do tabu sexual* e o entendeu como se fosse uma repressão da liberdade, quando na realidade era um grande escudo protetor da dignidade da vida humana. Perdeu o respeito pelo sexo. Tirou dele o seu caráter sagrado e o converteu em objeto de consumo barato e abundante, numa vulgaridade. Na mesma medida, esfumou-se também o caráter sagrado do casamento e o caráter sagrado da vida humana.

Urge recuperar uma visão profunda da sexualidade, como também urge adquirir a devida sensibilidade para todas as grandes realidades da vida humana que estão ameaçadas pela mentalidade consumista, que só valoriza o que se pode açambarcar, devorar e gastar: o sentido da amizade, da beleza, da sabedoria, da vida serena; de tantos outros valores intangíveis, que são delicados e não se veem, mas que são os mais valiosos do universo humano. A moral, que é precisamente a arte de viver bem, não tem por missão reprimir o sexo, mas protegê-lo e valorizá-lo. E para o valorizar, é preciso contemplá-lo em todo o seu esplendor, em todas as suas dimensões.

O exercício da função sexual está na base da instituição social mais importante de todas, que é a *família*. Está ligado ao fator que dá origem a novas vidas e está ligado às profundas relações matrimoniais que criam um lar, isto é, o ambiente humano adequado para que novos homens possam crescer e amadurecer.

O sexo está na base das *relações humanas mais fortes:* as relações entre os esposos; as relações entre pais e filhos;

MORAL: a arte de viver

as relações entre os irmãos etc. Nessa exata medida, é uma *parte importante da plenitude e da felicidade humanas,* já que a felicidade tem muito a ver com o amor, e os amores mais fortes de um homem costumam provir dos vínculos familiares.

E é o *modo ordinário de integração* dos novos cidadãos no tecido social: é parte muito importante da ordem social. A família é o ambiente humano normal em que os que receberam o dom da vida recebem os meios de subsistência, mas sobretudo o lugar que lhes permite desenvolver-se como homens, aprender a viver como homens e a integrar-se na sociedade.

A função sexual está no núcleo da vida familiar e no centro da vida social. Afeta tudo. É um ponto nevrálgico, uma fibra particularmente sensível de todo o tecido social da existência humana. É a *coluna vertebral de muitas relações humanas.* Por isso, entende-se perfeitamente que todas as civilizações sábias tenham feito do sexo um tema tabu. *Não um tema proibido* (o que seria absurdo), *mas um tema sagrado* do qual é preciso aproximar-se com enorme respeito. Isto é pura sabedoria de vida.

Todas as culturas sadias exigiram uma *disciplina sexual,* quer dizer, uma regulamentação cuidadosa do exercício da função sexual: relações matrimoniais, idade para casar-se etc. E é conhecido desde tempos muito antigos o mal que a indisciplina nesta matéria causa a uma cultura: a indisciplina sexual é um dos sinais de decadência das civilizações históricas.

A indisciplina sexual desfaz as famílias; rompe os laços humanos mais delicados, que são fonte de felicidade; cria e fomenta a marginalização; multiplica o

8. TRANSMITIR A VIDA

número de pessoas que não puderam amadurecer bem nem preparar-se para se integrarem na sociedade; interfere na vida econômica, na medida em que destrói uma das suas unidades, que é a família, e multiplica a falta de adaptação e a marginalização; é causa de inúmeras paixões incontroladas, amarguras, receios, ódios e violências, que deterioram a ordem social; e gera uma infinidade de sofrimentos. Isto é tão evidente, e a experiência histórica tão rica, que é desnecessário recordá-lo. Mas os componentes passionais são tão fortes que este tema nunca fica inteiramente claro e é necessário voltar ao essencial. A indisciplina sexual é como a *caixa de Pandora,* onde estavam guardados todos os males. Só quando é vista "com o nariz colado à parede", sob um ângulo emocional e subjetivo, é que se deixam de avaliar os males enormes que causa nas pessoas e nas sociedades.

Por isso, não tem nada de estranho que a moral sexual seja tão clara, tão simples e tão severa. Consiste em respeitar o que a natureza impõe ao homem. Se o homem se tivesse criado a si mesmo, se tivesse podido prever e fixar todas as condições que tornam possível e boa a vida social e individual, teria podido elaborar uma moral ao seu gosto. Mas não se fez a si mesmo. Por isso, não pode mudar, mas tem que descobrir e respeitar as leis físicas e morais que regulam o seu bom funcionamento. Assim como não pode modificar a seu bel-prazer nem as leis da inteligência, nem as da digestão, nem as da felicidade, também não pode modificar as leis do sexo. Só é livre de viver ou não de acordo com essas leis, de respeitar ou não a sua condição de homem.

MORAL: a arte de viver

Sexo e família

A sexualidade é muito mais do que o funcionamento dos órgãos genitais. Basta considerar que as diferenças sexuais não são só diferenças que existem entre os órgãos sexuais masculino e feminino; afetam as camadas mais profundas da personalidade. Ser homem ou ser mulher são dois modos diferentes de ser homem. Mas são dois modos muito diferentes: é diferente a sensibilidade; é diferente o modo de situar-se perante a vida e de comportar-se; é diferente o modo de pensar. Um não é melhor do que o outro, são diferentes. Essas diferenças tão profundas revelam que *a sexualidade afeta todos os estratos da pessoa,* até os mais íntimos.

Por isso, não é um tema que se possa tratar superficialmente. E também não pode ser usado superficialmente. Um uso esporádico da sexualidade sem contexto, movido unicamente pelo desejo de prazer ou pela ansiedade, não tem sentido e, na realidade, produz insatisfação: a insatisfação de uma expectativa não realizada. Precisamente por ser uma realidade tão rica, o sexo promete sempre algo profundo; mas usado superficialmente, só proporciona uma satisfação passageira e, depois, frustração.

E é que o sexo é, efetivamente, uma realidade profunda. Não é algo epidérmico, superficial, mas vertical. Não é só fisiologia, corpo, mas também sentimentos, emoções, amor, compartilhamento da intimidade, origem de novas vidas, amor e educação dessas novas vidas... É como uma *pirâmide de realidades,* de bens em que o fisiológico — o corporal — ocupa a base. Uma sexualidade madura requer a integração de todos os aspectos.

8. TRANSMITIR A VIDA

As diferenças sexuais entre um homem e uma mulher têm uma misteriosa complementaridade que vai muito mais além da fisiologia. O homem procura na mulher, talvez sem muita consciência, alguma coisa que ele não tem e que o atrai: procura delicadeza, ternura, beleza, amor aos detalhes, compreensão. E a mulher procura no homem decisão, segurança, fortaleza, acolhimento. Não é que a mulher não tenha fortaleza, nem o homem ternura, mas existe uma ternura própria da mulher, que é a que o homem procura, e existe uma fortaleza própria do homem, que é a que a mulher aprecia.

Por isso, quando um homem e uma mulher se enamoram um do outro, existe sempre um elemento de surpresa, de descoberta de dimensões humanas em parte insuspeitadas, ainda que no fundo desejadas. Este aspecto manifesta claramente que o sexo é muito mais que o uso dos órgãos sexuais. Ainda que estes provoquem efetivamente uma atração, permanecem num plano inferior; não são nem de longe o centro da paixão romântica. O deslumbramento causado pelo amor emana da pessoa inteira, não dos seus atrativos sexuais, que ocupam um lugar secundário.

Entram em jogo todos os aspectos complementares da personalidade: sentimentos, afetos, amor. Quando se fala de relações íntimas para referir-se delicadamente às relações sexuais genitais, o que se faz é empobrecer a palavra "íntimo". O íntimo de uma pessoa não são os seus órgãos sexuais, muito embora exista um pudor instintivo que leva a não os oferecer indiscriminadamente. Mas a intimidade de uma pessoa reside, sobretudo, nas suas experiências, nos seus sentimentos,

MORAL: a arte de viver

ideias, desejos, aspirações, e é isso o que essa pessoa deseja compartilhar numa relação íntima.

As relações entre um homem e uma mulher costumam fazer-se acompanhar de uma inclinação — mais ou menos forte, mais ou menos velada — para o relacionamento sexual, ainda que este não seja necessário, como não é necessário comer sempre que se sente atração por determinado alimento: na vida social, estabelecem-se muitas relações entre homens e mulheres — comerciais, de amizade, de vizinhança, de trabalho, de parentesco etc. — em que esse aspecto não chega a manifestar-se, nem tem por que fazê-lo.

Mas entre um homem e uma mulher pode estabelecer-se *um tipo de amizade peculiar* em que aí, sim, esse elemento intervém. Traduz-se num modo de compartilhar a intimidade, de transmitir sentimentos, de procurar compreensão, enfim, de procurar complementaridade, que tem, sem dúvida, um pano de fundo sexual. Característico dessa amizade — que se reveste de uma plenitude particular — é que tende a ser *exclusiva:* isto é, não se vê com bons olhos que essa mesma amizade seja mantida com outra pessoa. A meia laranja só se complementa com outra meia laranja: não há lugar para mais. Quando um homem e uma mulher se apaixonam e se reconhecem mutuamente nessa situação, subentende-se que se estabeleceu *um pacto.* É que os sentimentos que têm um pelo outro são excludentes, não se podem ter para com mais ninguém.

No seu livro Os *quatro amores,* C.S. Lewis expressou--o muito bem. Nos outros tipos de amizade, não existe exclusividade, antes pelo contrário: uma pessoa normal

8. TRANSMITIR A VIDA

alegra-se de que os seus amigos o sejam entre eles. Já qualquer homem — ou mulher — sentir-se-ia atraiçoado se percebesse que a pessoa que ama e que diz amá-lo está apaixonada por um terceiro. É que, se realmente essa pessoa está apaixonada por um terceiro, é óbvio que não existe lugar para ele. Este amor, que tem tantas dimensões, é assim. Por isso, não tolera um terceiro: tudo o que o terceiro receba é em detrimento do primeiro. A esta reação típica passional diante de um terceiro chama-se *ciúme:* é a reação provocada pela ferida que causa o sentir-se atraiçoado. Intui-se que a outra parte rompeu um pacto que talvez nunca se tenha expressado em palavras, mas que se sentiu. Trata-se de uma reação completamente natural e espontânea, que revela um tipo de amizade excludente.

Quando se reduz a sexualidade ao corporal e quando se cuida unicamente de satisfazer uma apetência, essa relação exclusiva não é necessária. Nesse caso, o sexo está fora do seu contexto e o modo como se satisfaz a apetência é secundário: a relação entre pessoas deixa de ter importância; basta a fisiologia (o corporal). Mas quando a sexualidade permanece no seu contexto, com toda a sua riqueza, então há uma relação peculiar entre pessoas que exige exclusividade. Quando a sexualidade está integrada em todas as suas dimensões afetivas e pessoais, encaminha-se para a exclusividade: a intimidade sexual requer a intimidade pessoal e vice-versa.

A paixão correspondida cria um pacto, e, quando esse pacto se formaliza, quando um homem e uma mulher se comprometem a compartilhar tudo de maneira estável, nasce uma nova realidade: o *matrimônio,* pelo qual se cria um lar e se forma uma família. Desse modo, a sexualidade

MORAL: a arte de viver

humana integra-se numa rica e complexa relação entre pessoas e a função biológica da fecundidade insere-se numa instituição natural, com as suas leis próprias.

Então, deixa de haver uma *relação privada*. Já não se está perante uma relação que afete apenas o marido e a mulher: afeta toda a natureza humana, porque se baseia nela; e afeta também a organização social, porque é no seu seio que devem surgir as novas vidas e incorporar--se à sociedade. Quando um homem e uma mulher se unem em casamento, não fazem nada que eles tenham inventado; não são eles que criam as leis internas do casamento, da mesma forma que não criam as leis internas da sexualidade. Não foram eles que criaram os mecanismos misteriosos que os levaram a conhecer-se um ao outro, a trocar ideias com frequência, a enamorar--se, a apaixonar-se. Realizam em si mesmos algo que pertence à natureza humana. Por isso, não podem mudar essas leis ao seu gosto, como também não podem mudar as outras leis fisiológicas que regulam o seu corpo, nem as leis intangíveis que regem os sentimentos e a felicidade humana.

Entre os esposos, surge uma relação íntima e exclusiva, que os leva a compartilhar a intimidade, a ajudar-se e a apoiar-se mutuamente. Essa doação esponsal é muito reforçada pelos elementos afetivos e passionais e constitui uma escola de humanidade: os esposos aprendem a dar-se, a sacrificar-se, a pensar antes no outro que em si mesmos; sem o pretender explicitamente, preparam-se para poder aceitar e amar outras vidas. Com o sacrifício, o vínculo torna-se mais forte e os esposos compenetram--se. Numa alusão clara a essa profunda unidade, que

8. TRANSMITIR A VIDA

vai dos aspectos mais corporais aos mais espirituais, Cristo diz no Evangelho que marido e mulher formam *uma só carne*.

A relação sexual expressa, prolonga e reforça a amizade e a entrega mútua dos esposos: ajuda-os a entender-se e a amar-se um ao outro. E assim o próprio ato que expressa e reforça o amor dos esposos é o modo previsto pela natureza para transmitir a vida humana. Para viver bem a sexualidade, é preciso respeitar essa lei. Em palavras que o Papa João Paulo II popularizou, *não se pode separar o significado unitivo* (a união dos esposos) *do significado procriativo* (a transmissão da vida).

Isto não quer dizer que os esposos tenham que ter sempre a intenção de transmitir a vida; basta que respeitem o modo de ser do ato conjugal. Seria, pois, imoral deformar esse ato ou lançar mão de meios artificiais que impeçam a possível concepção de uma nova vida (DIU, preservativos, espermicidas, anticoncepcionais etc.) ou a suprimam (pílulas com efeito abortivo etc.).

A plenitude da sexualidade humana integra os seguintes elementos: a união conjugal dos esposos, em todos os seus aspectos (ternura, prazer etc.); a exclusividade da doação sexual e afetiva; a realização pessoal de amizade e entrega mútua; a generosidade de abrir-se à transmissão da vida humana e à educação dos filhos.

É evidente que nem sempre as coisas são ideais, nem no aspecto fisiológico, nem no do relacionamento entre os esposos, nem no da educação dos filhos. Os esposos não são ideais, nem no corpo nem no espírito, e os filhos também não. Isto dá lugar a inúmeros problemas. Por isso, viver bem a vida matrimonial pode exigir heroísmo, e sempre há algum momento em que o exige. Viver bem,

MORAL: a arte de viver

respeitando as leis íntimas da sexualidade — respeito à verdade biológica do sexo, fidelidade mútua, entrega aos outros — pode chegar a ser duro em algumas ocasiões. Mas muitos bens das pessoas e da sociedade, e bens muito importantes, dependem do respeito a essas leis da natureza, que, afinal, são de Deus. É preciso convencer--se de que não se pode encontrar a felicidade por outro caminho que não a plenitude.

Essa relação íntima e exclusiva dá lugar, normalmente, à formação de novas vidas e é também o melhor ambiente para acolhê-las. Se o lar é estável, os filhos encontram um ambiente humano cálido, de compreensão e carinho, e também uma unidade econômica que lhes permite crescer como homens, ser atendidos e educados.

São várias, pois, as razões da natureza que levam a sinalizar o casamento como uma relação exclusiva e estável; isto é, a relação permanente e exclusiva de um com uma. A moral cristã não faz mais do que reafirmar essa realidade incoada pela natureza: o *casamento de um com uma para sempre*.

Neste momento, podem levantar-se objeções: e se marido e mulher não se entendem? E se se cansam de viver juntos? E se um deles se apaixona verdadeiramente por outro ou por outra? E se não têm filhos? Responder bem a tudo reclamaria bastante tempo e trabalho. Mas o problema é que afastaria a atenção do centro da questão.

Há *dois modos de abordar a questão do casamento*: um é a partir das dificuldades; o outro, a partir da sua plenitude. É experiência comum que na vida matrimonial se apresentam frequentemente dificuldades. É certo

8. TRANSMITIR A VIDA

que muitos não chegam a querer-se ou, que, depois de um tempo, deixam de querer-se; é certo que existem casamentos de conveniência que acabam por fracassar (embora também seja certo que existem casamentos de conveniência que triunfam); é certo que se pode chegar a situações insuportáveis etc. No entanto, nenhuma destas coisas faz com que o casamento deixe de ser o que é; nenhuma destas coisas muda as leis da sexualidade e da felicidade humana.

Seria um terrível erro destruir a ideia do que é o casamento por haver casos em que dá lugar a dificuldades. É como se desprezássemos as leis da visão por alguns terem tido a desgraça de perder a visão: perderíamos o centro da questão, ou seja, o único ponto a partir do qual se podem resolver realmente as dificuldades. Deveria raciocinar-se ao contrário: justamente porque o casamento é algo delicado e pode suscitar dificuldades, é mais necessário empregar todos os meios em nível pessoal e social para que triunfe.

É evidente que uma pessoa que queira ser feliz deve *fazer todo o possível para triunfar* neste aspecto tão vital de sua existência. O êxito na sua vida matrimonial é muito mais importante que o seu êxito profissional ou social e exige-lhe muito empenho. Tem de conseguir que o seu casamento seja um êxito, isto é, que se realize o ideal, que seja de um com uma e para sempre; e a sociedade deve fazer o possível para ajudá-los a consegui-lo. Mudariam muito as coisas se se tomassem seriamente as medidas para que os casamentos triunfassem.

E se fracassa? Se fracassa, será preciso pensar no que se pode fazer: não se podem dar normas gerais. A única norma geral é que o triunfo do casamento consiste na

MORAL: a arte de viver

união de um com uma e para sempre. É preciso contar com os fracassos, mas não se deve enfocar o casamento a partir dos fracassos, e sim através do seu triunfo. Precisamente porque as dificuldades são frequentes é que se precisa de tanta ênfase no ideal; o contrário é resignar-se a ocupar de entrada o papel de perdedor.

Essa é a norma e é preciso fazer o possível para que seja o caso geral. Os outros, os casos difíceis, devem ser estudados e resolvidos em concreto, porque não se podem resolver de outra forma. Acontece como com as doenças; embora haja tratamentos conhecidos, não se podem usar indiscriminadamente: é preciso estudar cada doente, porque cada doente é, em parte, um caso diferente. O melhor é, no entanto, dispor as coisas para que o casamento goze de boa saúde. A melhor medicina é a preventiva. Os fracassos, geralmente, têm má solução. É preciso levar a sério a disciplina sexual e o casamento: não são uma brincadeira.

O amor familiar

Quando a moral cristã fala de sexo, está falando de família. São bens inseparáveis, porque o sexo tem o seu exercício natural no casamento e é nesse âmbito que surgem novas vidas, as quais se incorporam à relação íntima dos seus pais. Sem esta referência, que é o seu contexto natural, a sexualidade está fora de ordem e fora de lugar; perde o seu sentido humano e só pode proporcionar experiências efêmeras, ocas, e, em última análise, frustrantes.

A família é o *âmbito principal dos amores humanos*. E é uma realidade que se constrói precisamente com base no

8. TRANSMITIR A VIDA

amor. É o amor dos esposos que a funda; é o amor dos esposos que a faz crescer, como faz crescer a fidelidade mútua, que tem a sua expressão no amor que marido e mulher derramam pelos filhos e que se completa quando estes são por sua vez educados no amor, quando aprendem a amar os seus pais, a amar-se entre eles e a amar todos os homens.

Ao falar de amor na família, não se deve pensar em situações idílicas, que só podem existir na imaginação ou nos filmes mais ou menos piegas de outra época. Trata-se do amor real que cresce nas circunstâncias mais comuns da vida: no meio das pequenas dificuldades, dos trabalhos de todos os dias, das incomodidades, das coisas que saem bem e das que saem mal, dos problemas de saúde, dos apertos econômicos, dos cansaços, das irritações passageiras etc.

Não se deve confundir o amor matrimonial com a paixão dos primeiros momentos. A paixão é geralmente uma situação sentimental passageira. Tem algo de autêntico e tem algo de falso, porque deslumbra. A pessoa que se apaixonou fica como que ofuscada pelo resplendor que emana de alguns aspectos do outro, e esse resplendor vela tudo o mais: as mediocridades, os defeitos.

Com o convívio, o brilho fulgurante desaparece e, à medida que se conhece o outro, vê-se a realidade tal como é. Conhecem-se os seus aspectos positivos e também os seus defeitos. Percebe-se que nem tudo é tão magnífico como se tinha pensado no princípio. No entanto, se existe trato e confiança, começa-se a compartilhar a intimidade e têm-se como próprias as coisas do outro. Assim, a paixão cede o lugar ao afeto e, depois, quando se começam a ter as coisas de outro como próprias, ao

MORAL: a arte de viver

carinho. A paixão é como a chama da fogueira que dá lugar ao rescaldo do fogo: primeiro, brotam as grandes chamas brilhantes, porque primeiro arde o material mais leve; depois, com esse calor e um pouco de tempo, passam a arder os materiais mais consistentes, dando estabilidade ao fogo.

O carinho cresce na medida em que os dois estão mais unidos, na medida em que compartilham mais. Mas para que se compartilhe mais, é preciso dar. Dar é a chave do amor. O amor leva a dar e a dar-se, e é precisamente assim que cresce. *Amor significa sempre entrega,* perder um pouco do que é próprio em benefício do outro. Quando se ama alguém, deseja-se vivamente proporcionar-lhe o bem. Isto exige muitas vezes sacrifício: fazer o que não apetece ou não fazer o que apetece; modificar os gostos pessoais e pensar na satisfação do outro mais do que na própria.

É só pelo sacrifício que se conserva o amor mútuo. Porque é preciso aprender a passar por alto os defeitos, a perdoar uma vez e outra, a não devolver mal por mal, a não dar importância a uma frase desagradável, a uma resposta irada, a um sinal de impaciência, a uma mania mil vezes repetida, a um momento de mau humor. E isto não uma vez, mas continuamente, um dia após outro. Se não há preparação para esse sacrifício, as dificuldades agigantam-se, as incompreensões crescem; guardam-se e jogam-se na cara os agravos mútuos, não se toleram as manias, e o convívio torna-se insuportável.

O amor tem como distintivo *exceder-se.* Não chega a vingar se não se está disposto a fazer mais do que o devido. Se marido e mulher traçam uma linha divisória de direitos e obrigações e não estão dispostos a passar dali,

8. TRANSMITIR A VIDA

o casamento fracassou. Porque é impossível que ambos respeitem sempre esse limite. Hoje ele estará cansado, amanhã ela estará nervosa, e se cada um exige estritamente os seus direitos, sem ceder em nada, será impossível que não entrem em choque continuamente. Pensar que não é bem assim é desconhecer como é o coração humano. Mal um deles se desleixe um pouco ou seja vencido pela fraqueza, cometerá uma ofensa que o outro não quererá perdoar-lhe. Assim não irão muito longe.

O sacrifício é a garantia de que existe amor verdadeiro e, além disso, fá-lo crescer e melhorar. O sacrifício tem um enorme valor educativo para o amor: dá-lhe realismo e torna-o patente. E, paradoxalmente, é compatível com a felicidade. Porque *a maior felicidade do homem na terra consiste precisamente no amor:* não tanto em ser amado, mas principalmente em amar. Aquele que ama sente-se feliz, mesmo quando não é correspondido. Certamente, o saber-se correspondido dá plenitude ao amor e também à felicidade; mas uma riquíssima experiência humana ensina que se pode ser feliz mesmo quando o amor não é correspondido. Embora, neste caso, felicidade e dor andem paradoxalmente misturados.

Ninguém se lamenta de ter amado muito, porque o amor é o que mais enobrece o homem. Sempre há qualidade humana num homem que soube amar. Mas não se deve confundir o amor com o sentimentalismo nem com a paixão afetiva. A diferença está em que, no autêntico amor, se quer sempre primeiro o bem do outro; ao passo que os amores sentimentais ou passionais são amores possessivos, com o que, no fim das contas, podem ser manifestações de egoísmo.

MORAL: a arte de viver

Se existe amor e sacrifício, o lar tem calor e as novas vidas que vêm encontram um ambiente humano cálido e acolhedor. É preciso sacrificar-se muito para levar um filho para a frente. Se os pais não estão acostumados a sacrificar-se, maltratarão os filhos e não os saberão criar. É no seio da família que se realiza, em primeiro lugar, o preceito do amor ao próximo como a si mesmo, e esse é o ambiente em que primeiro se aprende a praticá-lo. Por isso, é também uma grande escola da vida social.

Sem todo este riquíssimo contexto humano, a sexualidade fica sem sentido e torna-se uma realidade absurda, como uma ilusão que promete muito e pouco pode dar. Mas, integrada nele, é uma realidade maravilhosa: origem das relações humanas mais fortes e campo de tarefas cheias de beleza, como é a de amar plenamente e a de transmitir a vida humana: a vida do corpo e a vida do espírito.

A moral, não o esqueçamos, tem muito a ver com a beleza. Mas, para apreciar a beleza, é preciso ver as coisas em todo o seu esplendor. *Para entender a moral sexual, é preciso saber o que é uma família;* é preciso ter experiência deste bem tão imensamente importante para a vida pessoal e social. Só quando se descobre a grandeza deste bem é que se entende que lhe estejam subordinados tantos outros, e, em particular, o prazer sexual.

9. AS RAÍZES DO HOMEM

Um ser enraizado

O homem é um ser enraizado. Da mesma maneira que as plantas deitam raízes que as fixam no chão, das quais se alimentam e que as fazem crescer, o homem vincula-se a coisas e pessoas. Precisa de vínculos afetivos para desenvolver-se e sustentar-se como homem: são como a terra para uma planta. O homem sem raízes, que vagueia de um lugar para outro, que não se sente ligado afetivamente nem a lugares nem a pessoas, que não tem nada que lhe seja realmente familiar, é, de certo modo, desumano. É como se lhe faltasse lastro, profundidade ou definição.

Entre essas raízes, existem algumas muito visíveis, como são os laços com pessoas, coisas e lugares; e outras menos. Por estarmos vinculados a uma família, encontramo-nos *inseridos na história de um grupo humano e numa tradição cultural* cujas origens se perdem na noite da história. Essas raízes invisíveis são muito mais fortes, complexas e extensas do que poderia parecer a princípio.

Com a educação, recebem-se modos de pensar e de agir, costumes e usos sociais, conhecimentos, hábitos e técnicas de trabalho: um *patrimônio espiritual* que é um enorme conjunto de riquezas humanas, um tesouro de experiências, que nos inserem numa tradição humana.

MORAL: a arte de viver

Quem as recebe não tem, ordinariamente, nem capacidade nem perspectiva suficiente para percebê-lo: recebe-as como se fosse algo natural e obrigatório.

Ninguém para pra pensar, por exemplo, no tesouro que é a língua aprendida quase sem esforço, que nos permite expressar-nos e comunicar-nos com os outros, que nos une aos nossos antepassados e nos torna capazes de aprender deles. A que recebemos tem o depósito de todas as gerações dos nossos antepassados; traz a marca dos seus interesses e esforços, da sua sensibilidade e gostos; das suas preferências e preconceitos... O mesmo se passa com os demais elementos da cultura, os conhecimentos, os costumes, as técnicas etc. E tudo isso se recebe quase sem o perceber.

Quem começa a viver numa comunidade humana ordinariamente não percebe que a ordem social em que se insere e muitos serviços que recebe custaram muito em trabalho e em tempo. Tudo o que vê lhe parece natural, é como se existisse desde sempre ou houvesse surgido espontaneamente. Algo aparentemente tão simples como um semáforo que organiza a circulação, ou um policial que vela pela ordem, ou um mestre que recomenda um livro de texto são enormes conquistas humanas, que existem porque muitos homens se empenharam nisso ao longo dos séculos.

As sociedades humanas são sujeitos coletivos depositários de uma história e de um patrimônio espiritual vivo que cresce e se alimenta com as contribuições de cada um dos seus membros. Graças a isto, os que vêm depois encontram um ambiente humano enriquecido pelos seus antecessores, em que podem desenvolver-se melhor. No fundo, se hoje podemos viver mais humanamente,

9. AS RAÍZES DO HOMEM

devemo-lo a muitos que viveram pior que nós em outros tempos, e que trabalharam para que melhorassem as condições de vida dos seus descendentes.

Entre os muitos bens que deixaram os que viveram antes de nós está precisamente a sua *história*. Na história viva de uma comunidade humana recolhem-se os fatos, mas não de uma maneira fria e objetiva, e sim com o seu significado humano. Por isso, na história de uma sociedade, ocupam um lugar importante os heróis e os fatos exemplares que proporcionam uma identidade, um modo de ser próprio a todos os membros da sociedade, e lhes facilitam exemplos que imitar: uma maneira de situar-se no mundo e um enfoque perante a vida.

Antes de que uma criança tenha podido desenvolver a sua personalidade, recebeu muitas coisas que a caracterizam como membro de uma família e de uma comunidade histórica, e que serão a substância da sua personalidade. Cada um de nós se distingue por ter nascido nesta família, por ter vivido nesta cidade, por pertencer a esta nação e a esta cultura. Tudo isso é parte integrante da nossa *fisionomia espiritual*. E é uma parte muito maior do que tendemos a imaginar. O que cada um de nós tem de particular e próprio — o que, por assim dizer, fez por sua conta — é pouquíssimo em comparação com o enorme caudal de coisas que recebeu, que são fruto de um esforço de séculos e até de milênios; na realidade, de toda a história humana.

Isto ajuda-nos a compreender até que ponto o homem é um ser enraizado, vinculado a uma terra, a uma família, a uma cidade ou a um povo, a uma nação e a uma cultura. Tiremo-lo daí e ficaremos praticamente sem nada.

MORAL: a arte de viver

É por isso que são tão dolorosos os fenômenos de desenraizamento, em que um homem é arrancado da sua família, da sua sociedade, da sua cultura, do seu âmbito humano. Algo aparentemente tão inócuo como mudar-se para uma cidade a umas centenas de quilômetros de distância pode trazer consigo uma tragédia humana. Pode significar entrar num mundo em que não se conhecem a língua e os costumes, em que não se entendem os modos de pensar e os valores, em que não se encontram pontos de referência conhecidos e acolhedores, em que se é uma pessoa estranha, ou, o que é a mesma coisa, um estrangeiro.

Certamente, existe em todos os homens a capacidade de adaptar-se a um meio novo; como nas plantas, há no homem uma certa capacidade de lançar raízes novas, e por isso pode ser transplantado e enraizar-se em outro lugar. As relações humanas são, ordinariamente, o meio de enraizar-se em outra sociedade e o melhor modo de integrar-se nos novos costumes e modos de pensar.

Se não se demora a criar relações humanas, o transplante é menos traumático; se não se consegue, o homem pode sentir-se profundamente mal: solitário e fora de lugar. A formação cultural aumenta a capacidade de adaptar-se, porque ajuda a compreender a nova cultura, mas sempre é uma experiência custosa.

Tudo o que vimos ajuda-nos a compreender até que ponto o homem é um ser enraizado. Precisa deitar raízes num solo humano, numa sociedade em que vive rodeado de outras pessoas e em que se alimenta do húmus cultural deixado pelos seus antecessores.

9. AS RAÍZES DO HOMEM

A maturidade e o bem comum

Cada homem recebeu muito e é um dever moral valorizá-lo. A isto se chama *gratidão*.

Na maior parte dos casos, não é possível devolver o equivalente ao que recebemos. Por mais que procuremos comportar-nos bem com os nossos pais, nunca faremos o bastante para lhes pagar o dom da vida, nem todos os cuidados de que nos rodearam desde pequenos. Coisa parecida acontece, embora em menor grau, com as outras pessoas que contribuíram para nos educar: transmitiram-nos bens que não somos capazes de compensar. E o mesmo acontece em relação ao conjunto da sociedade: recebemos dela inúmeros bens imateriais e materiais, que foram possíveis graças ao engenho e ao trabalho de muitos homens ao longo da história. Só podemos agradecer.

E o primeiro passo para agradecer os bens recebidos é reconhecê-los e apreciá-los. Depois, como ordinariamente não é possível recompensar aqueles que no-los deram, o agradecimento deve orientar-se no sentido de ajudar os que vêm atrás de nós, tal como nós fomos ajudados.

Chegar à *maturidade humana* significa *superar a mentalidade de criança,* que sempre está à espera de receber dos mais velhos, e *adquirir consciência das responsabilidades próprias,* isto é, adquirir consciência de que se é mais velho, de que se tem um papel a desempenhar entre os mais velhos e de que é preciso preocupar-se pelos que vêm atrás. Ao adulto — ao mais velho — cabe o dever de dar, para que os que venham depois possam receber. Chegar à idade adulta significa inevitavelmente assumir os

MORAL: a arte de viver

ônus — os trabalhos — que a manutenção da vida social traz consigo, significa viver preocupando-se dos outros. Nenhum adulto sadio e normal pode esquivar-se ao dever de servir a sociedade na qual habita, mesmo que ninguém reclame. É um dever que nasce da natureza, pois o *homem foi feito para viver em sociedade*. Numa palavra, incumbe-lhe o dever de contribuir para o bem comum.

Em que consiste o *bem comum* de uma sociedade? É um imenso conjunto de bens materiais e espirituais que formam o patrimônio de uma sociedade. Fazem parte do bem comum de um país, por exemplo, a sua geografia, as suas paisagens, as suas águas, as suas riquezas naturais, o seu nível de vida, a sua capacidade de produção, as suas infraestruturas (estradas, meios de comunicações, edifícios públicos etc.), os sistemas de educação e de saúde; o seu patrimônio artístico e monumental, a sua história, a sua língua, a sua literatura, os seus costumes, o seu folclore etc.

Outros aspectos são menos aparentes, mas também constituem parte muito importante do patrimônio espiritual de uma sociedade. Estão neste caso a ordem pública, a eficiência e a honestidade das instituições, a moralidade pública etc.

E também faz parte do bem comum que este esteja bem repartido, ou seja, que todos os membros da sociedade participem dos bens materiais e espirituais da sociedade. Isto significa, por exemplo, que a propriedade esteja difundida, que haja facilidades para ter acesso à educação e à cultura, que haja igualdade de oportunidades para se conseguir emprego e intervir na vida pública etc.

9. AS RAÍZES DO HOMEM

Estes e outros muitos bens constituem o bem comum de uma sociedade. São obrigações que nascem do próprio ser das coisas: não é questão de gostos nem de opiniões políticas.

Todos os membros de uma sociedade têm o *direito de gozar dos bens comuns* na medida em que precisem deles. E os membros adultos dessa sociedade têm *obrigação de contribuir* para o bem comum na medida das suas possibilidades. Além disso, os adultos têm de contribuir proporcionalmente com mais do que recebem, justamente porque outros membros (crianças, anciãos, doentes) podem contribuir com menos. Isto não é uma injustiça, mas precisamente o contrário: a justiça social exige que dê mais quem pode dar mais, já que outros não podem. E também não é uma desvantagem, porque, mesmo que imponha obrigações às vezes duras e pesadas, essas obrigações não tornam o homem infeliz, mas ao contrário: dão sentido à sua vida. Precisamente, o sentido da vida de um homem maduro é servir os outros, contribuir para o bem comum e sustentar os que não podem valer-se por si mesmos.

O modo normal de contribuir para o bem comum é *desempenhar bem o trabalho* que se escolheu ou se recebeu. Todos os trabalhos, se são honestos, contribuem para o bem comum, porque contribuem para a boa ordem e o bom desenvolvimento da sociedade. Além disso, contribui-se para o bem comum quando cada um cuida das pessoas que dele dependem: de todos os membros da família, especialmente dos menores e dos que estão doentes. Porque não se deve esquecer que o primeiro bem de uma sociedade são os próprios membros da família.

MORAL: a arte de viver

Por último, também se contribui para o bem comum quando se ajuda a conservar ou fazer crescer qualquer dos bens materiais ou espirituais que o compõem. É uma tarefa que se pode levar a cabo não só individualmente, mas também associando-se a outros cidadãos. Contribui-se para o bem comum, por exemplo, quando se promovem ou se sustentam associações culturais, esportivas, entidades educativas: orfanatos, colégios, universidades; fundações de beneficência ou para o progresso da pesquisa, da técnica, da indústria, da cultura, do esporte etc. Uma sociedade torna-se mais rica e valiosa quando surgem essas iniciativas, porque assim passam a ser muitos os seus membros que pensam e trabalham ativamente em favor do bem comum.

Cada homem tem, pois, que desenvolver os seus talentos pessoais em *três planos distintos*. No plano individual, mediante a educação, a aquisição de uma cultura, o desenvolvimento dos seus gostos e opiniões. No plano das relações interpessoais, através dos laços familiares e de amizade. E no plano da sua vida social, assumindo com entusiasmo os ônus relativos ao bem comum, especialmente nos setores pelos quais sente inclinação ou para os quais está melhor dotado.

A circunstância de haver muitas pessoas indiferentes aos apelos do bem comum não é uma desculpa. Pelo contrário, tem que ser uma chamada à responsabilidade.

O papel da autoridade

O bem comum não pode ser alcançado espontaneamente mediante a simples soma dos esforços dos indivíduos

9. AS RAÍZES DO HOMEM

e das sociedades que uns e outros livremente promovem. Se todos se limitassem a contribuir para o bem comum com aquilo de que gostam, com o que lhes apetece ou lhes passa pela cabeça, haveria uma grande desordem: sobrariam pessoas que se ocupariam dos aspectos mais simpáticos e estariam abandonados os mais antipáticos e custosos. É muito importante que todos os membros de uma sociedade tenham iniciativas para melhorar o bem comum, mas não basta: é preciso organizar e coordenar essas iniciativas para se poderem aproveitar melhor os recursos, que sempre são escassos.

Para isso existe — como função necessária — a *autoridade pública. Cabe-lhe cuidar ordenadamente do bem comum e organizar a contribuição de todos* para que o bem comum prospere. Compete à autoridade distribuir as tarefas e repartir os bens entre todos, de tal maneira que, a quem possa contribuir com mais, mais lhe seja pedido, e a quem mais precise, mais lhe seja dado. Esta é a justiça própria da sociedade. Não é uma justiça que consista em dar a todos o mesmo e exigir o mesmo de todos, porque nem todos são iguais. É a justiça de pedir mais a quem possa dar mais e dar mais a quem mais precise. Esse é o principal fim da autoridade e esse é o critério da sua justiça.

A distribuição de tarefas e de benefícios, mesmo que se faça com toda a justiça, não pode contentar a todos. Por um lado, os bens são limitados e, portanto, não se pode dar a todos o que desejam. Por outro, é necessário enfrentar as tarefas ingratas e essas tarefas também têm que ser distribuídas. Distribuir com equidade, com essa justiça que é desigual, é a parte mais difícil da missão dos governos.

MORAL: a arte de viver

Às vezes, o bem de todos exige o sacrifício do bem particular de alguns ou mesmo de muitos. É inevitável. Não se pode construir uma estrada sem que passe por algum campo, nem tomar medidas para favorecer, por exemplo, um setor do comércio sem que outro fique prejudicado. A justiça pede unicamente que a distribuição seja equilibrada e que se faça com critérios objetivos e controláveis, mas é evidente que não se pode dar satisfação perfeita a todos.

Se o governo não tem *autoridade* — capacidade de mandar — não pode governar com justiça: porque não pode distribuir os bens e os ônus de um modo justo. Quando a autoridade é fraca, os mais fortes impõem-se e, consciente ou inconscientemente, tendem a procurar benefícios e privilégios em proveito próprio. Por isso, é um bem que aqueles que governam gozem de autoridade. E, como consequência, é necessário proteger o seu prestígio e manter por eles o devido respeito.

Surpreende ver que, nas suas *Epístolas,* São Paulo pede aos primeiros cristãos que rezem pelo Imperador. E, no momento em que escreve, o Imperador era Nero, o mesmo que acabaria por perseguir os cristãos e até fazer morrer o próprio Paulo. Apesar de ter sido um tirano sob muitos aspectos, o cargo que tinha era tão importante para o bom funcionamento da sociedade que o Apóstolo pede que se reze por ele, como pede que se reze por qualquer autoridade legitimamente constituída.

Pode-se fazer uma crítica honesta e construtiva à autoridade. Mas é preciso fazê-la sem enfraquecer a função que desempenha, porque se acabaria por prejudicar a sociedade: é preciso distinguir entre a função e a pessoa que a exerce. E ter presente, que, às vezes, se prejudica

9. AS RAÍZES DO HOMEM

a imagem da função quando se atacam demasiado ou com demasiada frequência as pessoas.

O governo deve gozar de autoridade e é preciso estabelecer os meios para assegurá-la: deve governar e ser obedecido para que se garanta a ordem social. E como sempre haverá quem resista a obedecer, deve ter força coativa, isto é, capacidade de impor pela força (por uma força legítima e moderada) as decisões que afetam o bem comum. O ideal seria que todos os membros da sociedade obedecessem de bom grado às disposições que regulam a distribuição de ônus e benefícios, mas, como é impossível que todos queiram obedecer, a justiça exige que se corrija os que se desviam. A autoridade deve fazê-lo. Precisa da força coercitiva para garantir a obediência às leis, reprimir o crime e neutralizar as condutas antissociais.

Mas a autoridade é limitada. O governo não é o proprietário da sociedade e não pode fazer com ela o que bem entende. *A autoridade deve guiar-se por critérios racionais de justiça,* que possam ser explicados aos cidadãos. Deve ter presente que *governa seres inteligentes,* que devem ser governados inteligentemente. As sociedades humanas não podem ser governadas como o são os rebanhos. Os súditos devem entender, na medida do possível, a razão por que se fazem as coisas, por que se distribuem deste modo ou de outro, por que se reprime esta conduta ou aquela; devem saber o que lhes é exigido e o que lhes é proibido, quais são os seus direitos e quais as suas obrigações. Outra coisa é arbitrariedade.

Por isso, a dignidade da pessoa humana exige que as sociedades humanas (não só a sociedade civil, mas

MORAL: a arte de viver

também cada uma das sociedades intermédias) sejam governadas mediante leis e normas escritas e mediante costumes que, embora não estejam escritos, possam ser conhecidos e respeitados por todos. Deste modo, cada membro da sociedade pode situar-se nela inteligentemente e contribuir conscientemente para o bem comum.

Só é lícito desobedecer a uma lei quando é injusta. Mas deve-se estar bem certo disso, porque não é admissível que cada qual obedeça ou desobedeça às leis a seu bel-prazer: se o respeito às leis é parte importante do bem comum, não é razoável violá-las por qualquer pretexto. Há até ocasiões em que o bem de todos exige que se sofra alguma injustiça, para não prejudicar um bem maior.

O princípio da subsidiariedade

É preciso evitar o *erro frequente de identificar* o *Estado com a sociedade.* O Estado é apenas o órgão reitor da sociedade; cabe-lhe regulamentar e ordenar a atividade social, mas não desempenhar por si só a atividade social. Também seria uma desordem controlá-la a tal ponto que a afogasse. Não se pode governar uma sociedade como se os seus membros fossem tolos ou inúteis, ou como se fossem ladrões em potencial, necessitados sempre de vigilância e repressão.

Em princípio, os que governam são cidadãos como os outros: tão inteligentes, tão preocupados pelo bem comum e tão honestos como os outros. A mentalidade de dirigismo estatal, além de proceder historicamente de argumentos ideológicos hoje caducos, costuma basear-se na desconfiança e, portanto, na falsa suposição de que os

9. AS RAÍZES DO HOMEM

governantes são melhores e mais honestos que os governados. É preciso partir da base de que os cidadãos têm, pelo menos, um nível de honradez semelhante ao dos que mandam; portanto, não merecem nem mais vigilância nem menos liberdade que os que governam.

A mentalidade de suspeita e desconfiança é sempre um erro em qualquer tipo de governo, pequeno ou grande, e favorece a arbitrariedade e a tirania, porque proporciona uma desculpa. Dessa forma, costuma-se acabar por corromper a própria função de governar, precisamente porque os que governam se sentem dispensados das regras de honestidade que exigem desconfiadamente dos outros. E é um erro evidente: não se pode esperar dos homens de governo o que eles não esperam dos seus concidadãos. Tanto entre os primeiros como entre os segundos existem homens honrados e homens que não o são; uns e outros são tentados pelas mesmas coisas. A única diferença é que os governantes costumam estar menos submetidos a controle e têm mais ocasiões e facilidades para delinquir. O problema final de qualquer Estado baseado na desconfiança é saber quem controla os controladores.

Apesar de ser um bem tão grande, não há regras mágicas para que se possa assegurar a honradez de uma sociedade. O certo é que não se pode consegui-la só com leis. Não é suficiente elaborar uma Constituição cujo primeiro artigo proclame que "é necessário que todos sejam bons". Em primeiro lugar, *é preciso saber* em que consiste ser bom e, depois, *é preciso querer* efetivamente ser bom. O primeiro desses requisitos pode ser atingido mais facilmente, mediante a educação e o forte papel educativo das leis. O segundo é o mais difícil.

De que modo pode um governo contribuir para que os cidadãos *queiram* ser bons? É um problema de consciência. Um governo só pode ajudar "de fora": premiando o bem e reprimindo o mal, e preservando por todos os meios a justa ordem social. Quando numa sociedade não há justiça, as condutas honestas são castigadas, e as desonestas, premiadas. Para fomentar a honestidade, é preciso que todos os cidadãos estejam seguros de que, vivendo honestamente, têm perante o Estado as mesmas oportunidades e os mesmos direitos que os outros. Se acontece que obtém mais benefícios aquele que lança mão da violência ou — o que é mais frequente — aquele que suborna, fomenta-se rapidamente a corrupção. E se isto chega a generalizar-se, a situação é desesperadora, porque então só será honesto quem for heroico. A honestidade da função pública — sobretudo no que diz respeito ao suborno, que é a praga antiga e moderna dessa função — é vital para a saúde de qualquer sociedade.

O papel do Estado na sociedade é *fomentar o bem comum*, mas não pode fazer sozinho. Trata-se de estimular e orientar a atividade da própria sociedade em favor do bem comum. Com a experiência de séculos, a moral social cristã fixou um princípio teórico que disciplina muito bem as relações entre autoridade e sociedade. É o princípio da subsidiariedade.

A palavra subsidiariedade vem de "subsídio", que significa "ajuda". O *princípio de subsidiariedade* poderia ser expresso simplesmente assim: "O que pode ser feito por uma sociedade ou por um ente menor não deve ser feito por uma sociedade ou um ente maior". É um princípio de economia social. Trata-se de respeitar o

9. AS RAÍZES DO HOMEM

espírito de iniciativa e de aproveitar as energias e as capacidades dos diferentes elementos da sociedade. É preciso partir da iniciativa das pessoas e dos grupos pequenos; os grupos maiores e o Estado intervêm num segundo momento, precisamente como ajuda, quando as pessoas ou as sociedades menores não têm volume ou capacidade suficiente para resolver uma questão.

Podemos imaginar a sociedade como uma pirâmide. Na base, temos os membros da sociedade organizados por vínculos familiares. Num primeiro nível encontram--se as pequenas sociedades que esses indivíduos constituem para alcançar diversos fins: clubes, empresas, escolas, sindicatos etc.; por cima delas, encontram-se outras sociedades maiores: associações, federações. E assim por diante, até se chegar ao cume da pirâmide, onde se encontra o Estado que governa o conjunto da sociedade civil.

Em princípio, cada indivíduo e cada sociedade pequena têm as suas iniciativas, com a sua energia e a sua capacidade de agir. Deve-se sublinhar que, regra geral, é nesse primeiro nível que se conhecem melhor as necessidades, se facilita a especialização e se trabalha com mais eficácia para atingir os fins. Por exemplo, um pequeno município sabe melhor do que um enorme ministério centralizado quais as estradas vicinais que precisam ser asfaltadas ou reparadas; para o governo central, essas estradas passam completamente despercebidas, ante a vastidão e complexidade dos problemas que tem de resolver. Quem passa todos os dias por uma estrada, todos os dias se lembra de que é preciso consertá-la; já para aquele que só vê papéis que falam de milhares de pequenas estradas, tanto lhe faz uma estrada como

MORAL: a arte de viver

outra. Mas também pode acontecer que esse município não tenha capacidade técnica ou verba suficiente para consertar a sua estrada. Precisa então da ajuda de um órgão superior.

O princípio de subsidiariedade indica que, na medida do possível, *é preciso estimular, fomentar e proteger a iniciativa dos entes inferiores.* E que os órgãos superiores devem intervir e ajudar quando os entes inferiores não têm capacidade para resolver as questões e apenas nessa medida. Têm de ajudá-los, mas não de suprimir-lhes a iniciativa: só se deve intervir quando esta não existe, e é preciso procurar criar as condições para que exista. Dessa maneira, consegue-se que muitas cabeças, muitas iniciativas e muitos esforços colaborem na promoção do bem comum.

Naturalmente, este princípio não é matemático. *Não existem soluções exatas para os problemas sociais.* O exato só se dá no âmbito da matemática. É um *princípio prudencial,* isto é, uma regra que se baseia na dignidade da pessoa humana e que serve de orientação para tomar decisões.

Como todos os homens têm inteligência, têm o direito e o dever de contribuir inteligentemente para o bem comum. Cabe à autoridade superior ordenar essa contribuição: limitá-la quando exagera, supri-la onde falha e promovê-la quando não existe.

10. COM TODAS AS FORÇAS DA ALMA

Porque Deus existe

"Amarás o Senhor teu Deus com todo o teu coração, com toda a tua alma, com todas as tuas forças". Este é, como vimos, o primeiro Mandamento, o mais importante. Não é que os outros não tenham importância, mas não têm a importância que este tem. Cada coisa no seu lugar.

Como a moral se baseia em descobrir e respeitar o ser das coisas, compreende-se facilmente que Deus ocupe um lugar muito especial. Deus não é uma coisa mais: é o Ser mais importante, do qual depende todo o resto. Exige-se que seja amado "sobre todas as coisas" simplesmente porque está sobre todas elas. É a ordem dos amores que o exige: a moral segue simplesmente a ordem da realidade.

Mas, nesta parte da nossa exposição, pode-se levantar uma questão prévia, que é a seguinte: como é que se pode amar a Deus sobre todas as coisas se antes não se acredita que existe? *A existência de Deus* é questionada com certa frequência no nosso tempo. Para a imensa maioria dos nossos antepassados e para o conjunto das culturas que existiram sobre a terra, a existência de Deus era óbvia. Ninguém ou pouquíssimos punham em dúvida esta realidade. Parecia-lhes evidente: sentiam-se rodeados dos sinais da presença e da ação de Deus.

MORAL: a arte de viver

Hoje em dia, em contrapartida, muitos formulam essa questão, e outros conformam-se com permanecer na dúvida. Pode-se dizer que se enfraqueceram os sinais da presença divina ou pelo menos o que antes se tinha por sinais. Reluta-se mais em ver a mão de Deus nos acontecimentos da história e nas forças da natureza. De certo modo, o mundo dessacralizou-se. Muita gente, sem ter refletido muito, tende a pensar que tudo o que nos rodeia é matéria; até pensam que eles próprios e os outros são apenas matéria. Evidentemente, não se pode encontrar a Deus quando se tem esse preconceito materialista. O problema não está em Deus, mas nesse preconceito, não só indemonstrado como indemonstrável.

O cristianismo defende que Deus é criador de tudo e por isso crê também que está em toda parte. Tomás de Aquino — e, com esse famoso teólogo medieval, muitos outros — explica que Deus está onde atua; e está em todas as coisas porque atua em todas elas quando as cria e as mantém no ser.

Podem-se encontrar reflexos da ação de Deus na natureza: na beleza das paisagens espetaculares, no esplendor do céu estrelado, na majestade dos horizontes abertos, na serenidade dos desertos e dos bosques, no brilho das tormentas ou no fragor das tempestades marítimas. Em todas as coisas em que há uma esplendorosa manifestação de poder ou de beleza pode-se intuir a mão de Deus.

Mas, sobretudo, *encontra-se a Deus na intimidade do espírito humano*. E não podemos encontrá-lo em outro lugar, se antes ou ao mesmo tempo não o encontramos aí. Porque, de tudo o que podemos experimentar, o que está mais perto de Deus são precisamente as camadas mais profundas do nosso próprio espírito.

10. COM TODAS AS FORÇAS DA ALMA

Deus está especialmente presente no que a Bíblia chama o *coração do homem*. Com essa expressão, a Bíblia não se refere à víscera musculosa que faz circular o nosso sangue pelo sistema arterial, mas ao centro do homem, ao núcleo da sua intimidade, ao lugar da sua consciência e dos seus amores.

E não é uma presença superficial, mas profunda: está no mais íntimo: "É mais íntimo a mim do que eu mesmo", diz Santo Agostinho. E isto é assim porque também nós somos criaturas de Deus: Ele atua dentro de nós e causa o nosso ser. Se existimos, é porque Deus quer que existamos. É como se "de dentro" nos estivesse dizendo: "Quero que existas". Por isso, onde temos a Deus mais perto é no mais íntimo da nossa consciência, embora não o sintamos. Não encontramos a Deus na natureza se antes não o encontramos no nosso coração. É o coração que o intui nas manifestações grandiosas de beleza e de poder porque encontra fora o reflexo do que traz dentro.

Mas, como dissemos, há um modo de olhar a natureza que reduz tudo à matéria. Por exemplo, há quem contemple o pôr do sol e, ao invés de se deixar tocar pela sua beleza, pense na difração da luz; como há quem veja o rebentar das ondas do mar e só pense no movimento ondulatório, ou escute uma melodia e só pense nas suas relações matemáticas, ou observe um quadro e só pense na composição química das tintas usadas, ou leia uma poesia e só se preocupe com o tipo de métrica. A beleza está em outro plano que não a matéria, mais alto ou mais profundo, e esfuma-se quando queremos reduzir tudo ao plano da matéria.

MORAL: a arte de viver

Com uns olhos bastante materialistas, é difícil ver a beleza e é mais difícil ainda ver a Deus. Pode-se intuir Deus sob a beleza pura e espetacular das teorias físico--matemáticas que descrevem a intimidade material do universo; é preciso, porém, não ficar na superfície da descrição, mas *contemplar* a teoria no seu conjunto, vislumbrar o que há por trás da multiplicidade dos fenômenos, superar o plano material e físico.

As ciências positivas têm um modo próprio de ver as coisas que consiste em desmontá-las. Tratam de saber de que peças estão compostas ou construídas, quais os seus materiais e de que modo se estruturam. Por isso, tendem a pensar que cada coisa é simplesmente a soma dos seus materiais: reduzem o todo às suas partes e podem impregnar de uma *visão materialista* os que se dedicam a analisá-las. Esta visão é útil sob muitos aspectos, mas sob outros é um estorvo: dificulta a visão do todo, impede com frequência de ver que o todo não se reduz às partes, e, além disso, não sabe o que fazer com as coisas que não se podem dividir em partes.

Por exemplo, não se pode decompor em peças a beleza de uma paisagem, nem se pode dizer que a maravilha de uma poesia seja a soma de alguns versos. Uma paisagem ou um poema têm beleza enquanto tal, na sua totalidade, e não se pode fracioná-la. Para contemplar a beleza das coisas, é preciso situar-se num plano diferente do da construção material. *A visão materialista destrói a beleza:* não está preparada para apreciá-la.

Também não se podem desmembrar a dignidade do homem, a justiça, a verdade, a amizade ou o amor e tantas realidades profundas que existem realmente, embora de modo diferente do das pedras, e que ocupam

10. COM TODAS AS FORÇAS DA ALMA

um lugar muito relevante na vida humana. Estão num plano diferente do das pedras.

É como se o universo tivesse muitos planos, como se fosse *uma pirâmide de planos diversos,* uns em cima dos outros, diferentes, embora profundamente unidos entre si. A matéria ocupa a base da pirâmide, mas a pirâmide não é só a base, nem se pode explicar recorrendo simplesmente à matéria: *a explicação material só proporciona peças soltas, mas não alcança a lógica profunda do todo,* da ordem do universo e de cada uma das suas partes (*por que* a lei universal de atração de massas é como é?).

Quem crê em Deus sabe que Ele está no vértice dessa pirâmide e que é a explicação profunda de todo esse espaço não unicamente material que se capta do "interior" do homem. *Deus dá plenitude de sentido ao mundo da beleza, da verdade e do amor, a todo o imenso universo das coisas significativas.*

Quem pensa que o universo é só matéria e que só pode ser explicado materialmente, com essa técnica de divisão em peças, dificilmente verá a pirâmide. Com esse método, só acaba por ver o plano inferior e nesse plano é difícil encontrar as marcas de Deus. *Deus não é uma coisa e não tem marca física.* Não está entre as coisas e não atua sobre elas como atuam as coisas entre si. Dificilmente se pode deduzir que uma variação do campo magnético, por exemplo, se deve a uma coisa que se chama Deus. Não é que Deus não possa variar o campo magnético — pode fazer milagres —, mas o que faz muito simplesmente é deixá-lo funcionar. Seria pouco sério que criasse umas leis para depois mudá-las continuamente.

A beleza é captada em nível diferente do do campo magnético e Deus é captado num nível ainda mais

MORAL: a arte de viver

profundo ou mais alto (como se queira) que o da beleza. Por isso, para quem não acredita em Deus, facilmente o mundo se torna plano: a pirâmide achata-se e tudo se desmorona. Tende-se facilmente a tratar tudo como se fosse material e desaparece da vista uma imensa parte da realidade.

Outros não são tão reducionistas. Acreditam nas realidades captadas pelo nosso espírito: na estética, na verdade, no sentido, e levantam um pouco mais a pirâmide, mas, se não colocam Deus no seu vértice, deixam a pirâmide truncada, como uma construção incoerente: uma acumulação de materiais nascida por acaso e, portanto, sem sentido global.

Para que a pirâmide tenha plena coerência, é preciso colocar Deus no seu vértice. Então tudo vai para o seu lugar e pode-se tentar compreender as sutis relações que se dão entre os diferentes planos da realidade: Deus, a verdade, a beleza, o bem... Esta ordem da realidade, em cujo vértice está Deus, é também o fundamento da ordem moral, da ordem dos amores.

Deus e a voz da consciência

Deus é encontrado e tratado num plano diferente do das coisas e também num plano diferente do dos nossos semelhantes, os outros homens. Deus não é um companheiro como os outros. É o nosso Criador, quem nos dá o ser e quem sabe como nos fez e para que nos fez. Por isso, a relação que temos com Ele é completamente diferente das outras relações.

A revelação cristã diz-nos que saímos dEle e que estamos feitos para amá-lo. Isto é, que *a nossa estrutura*

10. COM TODAS AS FORÇAS DA ALMA

interna está pensada e preparada para amar a Deus. Por isso, o mandamento de "amar a Deus sobre todas as coisas" não é uma imposição externa; de certo modo, *é a lei mais íntima e fundamental do nosso ser:* estamos feitos precisamente para isso e não poderíamos realizar-nos como homens nem ser felizes de outro modo. Santo Agostinho expressou-o com uma frase imortal: "Fizeste--nos, Senhor, para Ti, e o nosso coração está inquieto enquanto não descansar em Ti".

Isto significa que a nossa vida, os nossos fins e a nossa felicidade não podem ser equacionados à margem dessa relação com Deus, se queremos respeitar a estrutura do nosso próprio ser. A história da nossa vida, queiramos ou não, percebamo-lo ou não, é, no seu sentido mais profundo, a história da nossa relação com Ele. Uma relação que intervém em tudo o que fazemos, embora talvez não o percebamos. No fim, o êxito da nossa vida consistirá em termos chegado a amar a Deus sobre todas as coisas, que é o que a nossa psicologia deseja no seu fundo mais íntimo.

Quando dizemos que "amar a Deus sobre todas as coisas" é um mandamento, podemos dar a impressão de que é necessário fazermos violência sobre nós mesmos para amá-lo assim, o que é estranho, porque não se pode amar nada à força. E efetivamente não se trata disso. *Amamos a Deus na medida em que o conhecemos.* Por isso, a maneira de cumprir esse mandamento não é violentar-se para amá-lo, mas procurar encontrá-lo e intensificar o trato com Ele. Não se consegue de arrancada amar a Deus como merece ser amado. É um processo. À medida que o descobrimos, Ele atrai para si as forças do coração e da mente. Os melhores amores humanos,

MORAL: a arte de viver

que também têm grande força de atração, são reflexos do amor infinito que Deus merece, e podem dar-nos uma ideia do que acontece.

Mas convém recordar que se trata de uma *relação,* isto é, que existe um interlocutor. Não se trata só de pensar como queremos amar a Deus, mas também de descobrir como Ele quer que o amemos. E isto se descobre na intimidade da consciência.

Quando se é fiel ao que a consciência dita, intui-se vivencialmente que Deus está presente nela de algum modo e que *a consciência é um eco da sua voz.* Obedecer à consciência é, no fundo, obedecer a Deus, e rejeitar a voz da consciência é rejeitar a Deus, porque Ele é o fundamento da ordem moral que a consciência descobre. Desse modo, a vida moral chega a converter-se, efetivamente, em uma relação com Deus. Nenhum assunto, por pequeno que seja, fica à margem: todas e cada uma das nossas decisões livres são tomadas diante dEle, na sua presença.

A moral adquire então o seu sentido mais pleno. Por isso, dizíamos no princípio que a moral não é simplesmente um conjunto de normas nem de proibições. *A moral é um estilo de vida baseado na nossa relação com Deus.* A moral é, numa palavra, a arte de crescer no amor de Deus.

Isto *distingue a moral da ética.* A ética é o resultado de uma reflexão filosófica. Tenta fixar mediante uma análise do homem e do seu meio os princípios pelos quais o homem tem de agir e aplica-os a cada situação. O *homem ético trata de ser fiel a alguns princípios; o homem moral trata de ser fiel a Deus.* Vê a Deus por trás dos ditames da sua

10. COM TODAS AS FORÇAS DA ALMA

consciência. A perfeição da vida moral não consiste, por isso, no mero cumprimento de algumas normas e preceitos, mas na relação pessoal com Deus que leva a amá-lo sobre todas as coisas.

Mas não existem duas morais, uma de mandamentos e outra de amor; na verdade, a segunda inclui, plenifica e supera a primeira. Como é claro, cometeria um erro ridículo quem chegasse a colocar-se acima dos Mandamentos. Deus não se contradiz e o que nos diz na consciência não pode entrar em colisão com as normas morais — os Mandamentos — que nos quis revelar, como também não pode entrar em colisão com os princípios éticos que uma inteligência sadia descobre: a moral absorve e incorpora toda a verdadeira ética humana.

Deus quis dar-nos princípios e mandamentos morais porque são necessários para educar a consciência, porque a orientam quando tem dúvidas, e porque servem de pauta externa para verificar se julga retamente. Com efeito, quando se recebeu uma boa formação moral e se procura viver com retidão, a consciência move-se espontaneamente dentro dessa moldura, sem violência; e não a considera como um impedimento, mas como uma ajuda para a sua atividade.

Dentro dessa moldura, há muitíssimo espaço. Deus quis deixar uma margem muito ampla à liberdade dos homens. As normas morais indicam, por um lado, o que não devemos fazer. Por outro, proporcionam uma ordem de valores e propõem os objetivos supremos da nossa conduta, que são os mandamentos do amor a Deus e do próximo. Dentro desse âmbito e com esses objetivos, o espaço para a criatividade é imenso. Cada um deve decidir como orientar a sua vida; como viver os

MORAL: a arte de viver

grandes mandamentos do amor de Deus e do próximo; como procurar os grandes bens do amor, a amizade, a cultura etc.; e como atender às diversas vozes dos deveres que o solicitam para que se preocupe com as coisas, as pessoas e a sociedade. Mas cada decisão é tomada diante de Deus, presente na consciência.

É na plenitude da vida moral que se torna verdade o que diz Santo Agostinho em outra célebre expressão: "Ama e faz o que quiseres". O princípio máximo de conduta, o princípio no qual se pode resumir toda a moral, acaba por ser o amor. Mas é preciso entender esse ditado como é. Não diz "faz o que quiseres e ama", mas "ama e faz o que quiseres". Primeiro ama a Deus sobre todas as coisas, e depois faz o que quiseres. Porque, se amas a Deus sobre todas as coisas, farás em cada instante o que Deus quer. Guiada pelo amor de Deus, a consciência aprende a dispor na ordem justa todos os amores. Quem ama a Deus sobre todas as coisas vive com a máxima perfeição toda a moral.

Veneração e ofensa

É claro que, à medida que correspondemos ao que Deus pede na consciência, o amamos mais e descobrimos mais facilmente o que quer de nós. O amor a Deus leva a conhecê-lo profundamente e a tratá-lo como merece.

Isto é uma surpresa. Só quando nos aproximamos de Deus, quando começamos a fomentar o trato com Ele, é que percebemos realmente o significado da sua divindade. No mundo exterior, Deus permanece como que oculto. É verdade que fez o mundo e que, de algum modo, as maravilhas da natureza o manifestam. Mas

10. COM TODAS AS FORÇAS DA ALMA

de um modo velado. A natureza — como gostava de repetir o cardeal Newman — é ambígua: revela, mas também oculta o seu Criador, porque uma distância infinita a separa dEle; nada é capaz de representar adequadamente o que Deus é. Só nas profundezas do espírito humano, no centro do coração, é que se chega a intuí-lo veladamente.

Este é talvez o mistério mais profundo do mundo. *Estamos feitos para Deus e, no entanto, Deus não se nos apresenta de uma maneira patente; é necessário procurá-lo.* É acertado pensar que Ele não quer apresentar-se tal como é para não nos coagir. Quer o nosso amor, mas não se impõe. As coisas estão feitas de tal modo que, se o queremos procurar e amar, Ele se deixa encontrar e amar; mas se não queremos, não; estão preparadas como se quisesse garantir a perfeita liberdade do homem, a perfeita liberdade do nosso amor. Depende, portanto, inteiramente da nossa liberdade amá-lo como merece e, nessa medida, alcançar a meta da nossa existência.

Por esse modo de agir de Deus, pode parecer que lhe fazemos um favor quando nos ocupamos dEle ou das suas coisas. Depois descobre-se que, na realidade, é Ele quem nos faz um grande favor quando nos permite alcançá-lo livremente.

Olhado de longe, Deus está como que escondido. Só quando nos aproximamos dEle é que começamos a descobrir o que realmente é e significa, e a *imensa veneração e amor que merece*. Só então se chega a entender a grandeza divina e começa a surgir um imenso respeito: o respeito que caracteriza todo o amor verdadeiro, mas que no caso de Deus é incomparável.

MORAL: a arte de viver

Esse imenso respeito que Deus merece estende-se também a todas as coisas que lhe dizem respeito: o culto, os objetos, as pessoas e os lugares que se dedicam ao culto etc. É então que adquire realismo o princípio de que "as coisas santas devem ser tratadas santamente". E descobre-se a relação que há entre o amor de Deus e essa peculiar veneração que, às vezes, a Sagrada Escritura designa por "santo temor de Deus".

Quando se chegou a um certo conhecimento vivencial do que Deus é, entende-se em profundidade o que prescrevem os três primeiros mandamentos do Decálogo: no primeiro, "Amarás o Senhor, teu Deus, com todo o teu coração, com toda a tua alma, com todas as tuas forças"; no segundo, "Não tomarás o Nome de Deus em vão", isto é, não jurarás, não brincarás nem, obviamente, blasfemarás injuriando o santo Nome de Deus ou as coisas de Deus; no terceiro, "Santificarás as festas", isto é, saberás dar a Deus o culto que merece, dedicando-lhe tempo e atenção.

Aproximar-se de Deus significa expor-se ao contraste infinito entre a sua maravilhosa grandeza e a nossa miserável pouquidão. Por isso, *toda a autêntica descoberta de Deus provoca um novo conhecimento da nossa fraqueza pessoal,* da nossa indignidade e também dos muitos dons que recebemos dEle. É um conhecimento que nos leva diretamente a conhecer a verdade mais profunda da nossa condição; e, portanto, à *humildade* verdadeira, à súplica confiada e à ação de graças. Pôr Deus no seu lugar leva a pôr-nos no nosso. Conhecer a Deus é, por isso, o que há de mais oposto ao orgulho; como também acontece o contrário: o orgulho é

10. COM TODAS AS FORÇAS DA ALMA

o maior obstáculo para se poder descobrir realmente quem Deus é.

Quando nos aproximamos dEle, a par do conhecimento próprio, abre-se diante dos nossos olhos o abismo de outra realidade insuspeitada: o *mistério do pecado*. Só quem ama a Deus percebe um pouco do que isto significa: o mistério de que as nossas falhas e debilidades não são simplesmente *erros* superficiais, mas são realmente *ofensas* a Deus.

É outra diferença muito clara entre a moral e a ética. Quando no horizonte da nossa conduta só temos princípios e normas, as falhas são tratadas como incoerências entre a vida e os princípios ou como transgressão das normas. Assim acontece na ética. Mas na moral é diferente. Como se fundamenta numa relação pessoal com Deus, as falhas afetam essa relação: são, na realidade, *rejeições* ao que Deus quer de nós.

Para o homem ético, a transgressão da norma ou a incoerência com os princípios não passa de um erro que prejudica unicamente quem os comete, sem alterar a norma nem o princípio. Para um cristão, pelo contrário, agir mal é pecar: é ofender a Deus, maltratar o seu amor, fugir dEle. Não é simplesmente um erro, mas uma *ofensa;* como também é uma ofensa não corresponder ao pedido de um amigo. O que está em jogo é uma relação pessoal, não um princípio teórico.

O homem ético lamenta os seus erros e, se é reto, propõe-se evitá-los no futuro. Mas o cristão sabe-se obrigado a *pedir perdão* a Deus, como o amigo pede perdão ao amigo que ofendeu.

Uma amizade autêntica não se sustém se não se reparam as faltas de delicadeza, os descasos, as pequenas ou

MORAL: a arte de viver

grandes injúrias. Quando um homem ofendeu a mulher que ama ou um amigo, sente-se obrigado a pedir-lhe perdão e a reparar de algum modo a ferida causada. O amor exige um arrependimento sincero, tanto maior quanto mais grave tenha sido a ofensa. E exige também que se *compensem as ofensas:* que se tenham manifestações de afeto inequívocas, ou seja, claramente autênticas; que se realize alguma ação fora do habitual para demonstrar que, apesar de tudo, se ama realmente. São exigências sem as quais o amor não sobrevive, porque não existe amor que resista à indiferença.

Com Deus acontece exatamente a mesma coisa. Mas compreendemos mais claramente que é assim na medida em que o amor de Deus é maior. Por isso, *o sentido do pecado cresce quando a vida moral avança* e quase não existe quando a vida moral é pobre. Paradoxalmente, têm mais sentido do pecado os que estão perto de Deus do que os que estão longe, ainda que, por assim dizer, aqueles "pequem menos".

As pessoas com pouca vida moral têm um sentido bem pobre do pecado. Quando estão muito longe, a própria noção de pecado lhes parece profundamente alheia, estranha e absurda: não lhes diz nada. Quando têm alguma sensibilidade, compreendem que o pecado é uma transgressão da norma moral, e podem aceitar teoricamente que existe uma ofensa a Deus, embora isso tenha pouca repercussão vital, isto é, não cause dor. À medida que a vida moral avança, é precisamente esse aspecto que aflora em primeiro lugar. Dói ter-se rejeitado a Deus e sente-se a necessidade de dar provas autênticas de arrependimento e de compensar de algum modo a ofensa causada.

10. COM TODAS AS FORÇAS DA ALMA

De qualquer forma, é oportuno fazer um pequeno esclarecimento: arrepender-se não significa necessariamente "sentir" uma dor muito intensa. Arrepender-se é mais uma decisão do que um sentimento: é querer voltar, querer pedir perdão, querer renovar a amizade que se maltratou. O que importa é esse querer. Os sentimentos podem estar presentes ou não. A nossa vida psicológica é complexa e está submetida a fatores incontroláveis. Algumas vezes, estamos inspirados e cheios de sentimentos; outras, não. É preciso contar com essas limitações também no nosso trato com Deus.

O compromisso de amor

Quando entendemos o sentido do primeiro Mandamento, entendemos a coerência da moral cristã, cuja meta é o amor de Deus. Mas é uma ascensão comprometida. Deus não é uma ideia, nem um princípio, nem uma norma: as relações com Ele comprometem pessoalmente.

Quem chegou a conhecê-lo já não pode viver como se não o conhecesse, não pode prescindir dEle na sua vida. Quando se chegou a amar de verdade uma pessoa, surgem obrigações mútuas. Não se pode deixar de estimar um amigo porque ficou doente ou porque passa um mau bocado ou porque não agrada aos outros. Pelo contrário, a amizade obriga a estar mais perto nos maus momentos. *Toda amizade gera compromissos.* Os laços pessoais criam obrigações de lealdade, que são as primeiras que um homem honrado se sente urgido a respeitar. Algo semelhante acontece com Deus. Aproximar-se de Deus é também comprometer-se com Ele.

MORAL: a arte de viver

Três evangelistas — São Marcos, São Mateus e São Lucas — referem nos seus Evangelhos uma cena que manifesta isto muito bem. São Marcos, no capítulo 10, conta que um jovem se aproximou de Jesus e lhe disse: *"Que devo fazer para alcançar a vida eterna?"* Jesus respondeu-lhe: *"Conheces os mandamentos: não matarás, não cometerás adultério, não roubarás..."* etc. Ele respondeu-lhe: *"Mestre, tenho observado tudo isto desde a minha mocidade"*. Então — continua o Evangelho de São Marcos —, *Jesus, olhou-o com afeto e disse-lhe: "Uma coisa te falta: vai, vende tudo o que tens e dá-o aos pobres, e terás um tesouro no céu; depois, vem e segue-me"*. *Ao ouvir essas palavras, o jovem ficou abatido e retirou-se triste, porque possuía muitos bens.*

Aquele jovem tinha vivido perto de Deus, era amigo de Deus, e isso colocou-o às portas de um compromisso maior. Acontece sempre assim: *quem se aproxima de Deus é chamado por Ele.* Como vemos, Deus gosta de apoiar-se naqueles que querem amá-lo. É a lógica de Deus que, querendo ser fraca no mundo, quer apoiar-se na fraqueza dos que o amam.

Conhecer e amar a Deus compromete. E conhecer muito e amar muito a Deus compromete muito. Mas é um compromisso maravilhoso. O homem está feito precisamente para isso: para ocupar-se das coisas de Deus, para participar dos seus interesses. Não existe nada que tenha mais beleza, nem nada que possa proporcionar mais alegrias a Deus. E este amor é compatível com todas as circunstâncias da vida humana, com tudo o que seja verdadeiramente humano, porque todos os bens se ordenam para Deus.

Isto, que facilmente se compreende em teoria, requer valentia para ser vivido. Não esqueçamos o que

10. COM TODAS AS FORÇAS DA ALMA

acabamos de ler: *Ao ouvir essas palavras, o jovem ficou abatido e retirou-se triste, porque possuía muitos bens.* E é preciso prestar atenção ao comentário que o Senhor fez ao contemplar a cena: *Olhando à sua volta, Jesus disse aos seus discípulos: "Como é difícil que entrem no reino de Deus os que têm riquezas!", e acrescentou: "É mais fácil um camelo passar pelo buraco de uma agulha do que um rico entrar no reino dos céus".*

Sem dúvida, com essas duras palavras, Cristo queria alertar os seus discípulos sobre a facilidade com que se pode perder o rumo. Aquele jovem era reto: tinha vivido com toda a correção, tinha procurado a Deus na sua vida, tinha chegado a estar perto de Deus. Mas, no momento mais importante da sua existência, quando Deus quis fazê-lo verdadeiramente seu amigo, quando lhe quis dar o melhor que há no mundo — que é a sua amizade —, fugiu por causa do atrativo de umas riquezas passageiras: preferiu os seus bens ao amor de Deus. Triste troca!

É um testemunho — mais um, mas eloquente — da fraqueza humana. É preciso tomar nota da facilidade que temos para nos enganarmos, mesmo nos momentos mais decisivos. É a contrapartida da liberdade com que Deus quis que o amássemos. Por essa razão, importa muito lembrar-se de que a vida moral não pode ir para a frente senão com muita ajuda de Deus.

É preciso pedi-la. Na mesma passagem que comentamos, lê-se: *Os discípulos ficaram assustados e perguntavam-se: "Então, quem poderá salvar-se?" E o Senhor, fixando neles o seu olhar, disse-lhes: "Para os homens, é impossível, mas para Deus, nada é impossível".* Para Deus, não há nada impossível. Deus pode conseguir que o amemos sobre todas as coisas.

MORAL: a arte de viver

Deus chama: este é o dado fundamental para cada homem. Fomos chamados por Ele desde o momento em que quis a nossa existência, e é desde então que nos procura. Ama-nos como somos e quer que o amemos com todas as nossas forças. Toda a nossa vida é corresponder ou fugir a essa chamada: um crescente compromisso ou uma crescente rejeição, um estar entre duas águas, correspondendo umas vezes e negando-se outras. Por isso, em última instância, *o êxito ou o fracasso da vida moral pode ser medido pelo amor a Deus que se tem.*

Quem se aproxima de Deus começa por procurá-lo, talvez, com a esperança de obter algum benefício, mas, depois, se chega a um trato de intimidade, o principal benefício que obtém é que Deus lhe descarrega sobre os ombros o peso dos seus interesses no mundo. Converte os que querem estar bem perto dEle em testemunhas do seu amor.

A relação com Deus é um crescente compromisso. É uma amizade que vai exigindo cada vez mais do homem, em todos os aspectos do seu ser e do seu agir. Para chegar à intimidade com Deus, é preciso ir-se elevando. Sucede como nas boas amizades humanas, como nos bons amores. Os amigos que se querem, como também os esposos, melhoram com o seu relacionamento mútuo. Cada um exige do outro que melhore.

Não é uma exigência dura e fria, mas uma exigência que realmente procede do amor. Quando de verdade amamos alguém, não nos resignamos a ver que se encontra abaixo do homem ideal que deveria ser: por isso, corrigimo-lo, sugerimos-lhe campos de melhora, animamo-lo a melhorar. Isto não tem nada a ver com a impaciência daquele que não é capaz de tolerar um erro ou um defeito. Não é que nos irritem os defeitos do outro, é que queremos tanto o seu bem que gostaríamos de que não tivesse defeitos.

Quem ama de verdade sente também a necessidade de ele próprio melhorar para ser *mais digno do amor* que recebe. O amor sempre enobrece. E isto manifesta-se desde os detalhes mais materiais até os mais espirituais. Muitas coisas que alguém não faria por si próprio, chega a fazê-las porque entende que agradam aos outros. Num casal que viva como deve, por exemplo, os esposos sentem-se obrigados a conservar-se bem, a vestir-se bem, a apresentar-se bem, porque entendem que essas coisas são manifestações de apreço pelo outro.

Com o amor de Deus passa-se algo de semelhante. Para sermos dignos de um amor tão grande, é necessário que melhoremos. E isto não apenas por força de um raciocínio, mas de uma necessidade que se chega a sentir deveras. Deus é exigente com os que ama porque lhes quer bem e quer que sejam melhores. É um amor que corrige e melhora.

Todos os amores têm uma história. Nascem num momento dado e, depois, crescem ou se perdem. *O amor é uma realidade viva;* não chega nunca a uma situação estável: ou avança ou retrocede; ou amadurece ou murcha. É preciso cuidar dele como de um tesouro, porque, verdadeiramente, é o maior tesouro da vida humana; é a única coisa que dá autêntica felicidade nesta vida. Quando se compreende isto, entende-se que toda a moral esteja vinculada à tarefa de construir o amor a Deus e ao próximo, de torná-lo possível, de permitir-lhe crescer, afastando o que prejudica e o que estorva. E o melhor dos amores é o amor de Deus.

Terceira parte
GRAÇA

Este livro seguiu várias etapas. Na *Primeira parte,* estudamos os fundamentos da vida moral. Analisamos o que são bens e deveres; dentro dessa moldura, estudamos o papel da nossa consciência e da nossa liberdade. Na *Segunda,* vimos separadamente os deveres que temos para com os diferentes tipos de realidades: o mundo material, os outros homens, a sociedade e Deus.

Para desenvolver esse programa, baseamo-nos principalmente no que podemos descobrir com a razão e só de vez em quando recorremos à doutrina cristã para apoiar algum ponto ou servir-nos de uma expressão acertada. Todo o resto poderia ser compartilhado por muitos homens, tenham ou não o dom da fé; e, efetivamente, compartilham-no muitos homens de boa vontade.

Ao chegarmos ao capítulo 10, a nossa exposição mudou de tom. Ao percebermos que Deus é um ser pessoal que fala na nossa consciência, situamo-nos *no plano religioso, que é o plano próprio da moral.* Então apareceram elementos que não se dão na ética: a necessidade do relacionamento pessoal com Deus, o valor da consciência como voz de Deus, o sentido do pecado como ofensa a Deus, o arrependimento como reconciliação com Deus e o desenvolvimento da vida moral como um crescente compromisso pessoal com Deus.

Também poderíamos encontrar muitos não-cristãos que creem em Deus e que pensam como nós nesses

MORAL: a arte de viver

pontos. Portanto, não chegamos ainda ao que é próprio da moral cristã. Tudo o que dissemos está contido na moral cristã, mas não é específico da moral cristã: precisava ser dito, mas não é suficiente; falta ainda o mais importante. Se não o dissemos antes, é porque, para entendê-lo, é necessária uma certa preparação.

Pois bem, *o essencial da moral cristã,* a última palavra, a chave de tudo, é *Cristo.* A essência da moral cristã, como Romano Guardini soube expor em termos magníficos, não é um conjunto de princípios nem de normas morais, mas *uma pessoa real e histórica* que viveu nesta terra: Jesus de Nazaré.

Por isso, não podemos limitar-nos a estudar os princípios éticos que a razão pode alcançar, nem as motivações religiosas que dão vigor e sentido à conduta. Além disso, é preciso falar dos *mistérios da vida de Cristo* e explicar por que Cristo é o centro da moral cristã.

Nesta *Terceira parte,* trataremos do mistério da sua Pessoa e da sua morte (O Mistério Cristão); depois, falaremos da inserção mística de cada cristão na sua vida (O Corpo de Cristo); e, finalmente, estudaremos as manifestações vitais da união com Cristo (O Espírito de Cristo). No final do livro, veremos que a moral cristã pode ser definida como "a arte de viver em Cristo".

11. O MISTÉRIO CRISTÃO

A unção de Cristo

Um dia, o Senhor perguntou aos seus Apóstolos o que é que as pessoas pensavam dEle. Pedro respondeu-lhe. O que as pessoas pensavam então é muito parecido com o que pensam hoje: uns acreditavam que Jesus Cristo era um profeta, um homem de Deus, como tantos que haviam existido na história de Israel; outros tinham-no por um mestre, com uma doutrina de elevada sabedoria moral; outros pensavam que estava doido ou que era um impostor (opinião esta última que Pedro não quis referir). Então o Senhor perguntou-lhes: *"E vós, quem dizeis que eu sou?"*

Pedro respondeu. Talvez não tivesse plena consciência do alcance do que dizia, mas a sua resposta expressa perfeitamente a fé que a Igreja tem em Jesus Cristo: *"Tu és o Messias, o Filho do Deus vivo"* (Mt 16, 16). "Messias" é uma palavra hebraica que significa a mesma coisa que "Cristo", que é uma palavra grega. "Messias" e "Cristo" querem dizer "ungido". *Jesus de Nazaré é o Ungido, o Messias, o Cristo.* Por isso, quando utilizamos a palavra Jesus Cristo, fazemos uma confissão de fé: Jesus de Nazaré é o Cristo, o Messias de Deus esperado por Israel.

E o que significa isto? Para explicá-lo bem, seria preciso penetrar muito profundamente na história e na mentalidade de Israel. Isto nos levaria muito longe.

MORAL: a arte de viver

Basta saber que o Messias era uma figura ansiada; nele se cumpririam plenamente as promessas de Deus a Israel. Essa figura significava a salvação e exaltação que Israel esperava do seu Deus; por isso, o Messias era também "o esperado".

E por que "ungido"? Em Israel, como em outras culturas, ungiam-se e consagravam-se com azeite especial os homens destinados a desempenhar uma missão importante. A unção era o sinal externo de que tinham sido escolhidos por Deus para desempenhar uma tarefa especial e também a garantia de que Deus lhes daria os dotes e as energias necessários para levá-la a bom termo. Por isso, ungiam-se e consagravam-se com azeite os Reis, os Sacerdotes e os Profetas.

A figura do Messias anuncia-se como totalmente singular. Não seria um ungido entre outros, mas "o Ungido": simultaneamente sacerdote, profeta e rei. A sua unção não seria simbólica, mas real; e não receberia apenas a garantia da ajuda de Deus: nos textos proféticos, especialmente de Isaías, anuncia-se que o *Messias seria ungido* nada menos que *com o próprio "Espírito de Deus"*. Quer dizer, teria toda a força e energia de Deus: a mesma intimidade divina pela qual Deus é Deus.

O *mistério de Cristo,* o Ungido pelo Espírito de Deus, manifesta-se quando, ao longo da sua vida, Jesus de Nazaré mostra com as suas palavras e as suas obras que é *verdadeiramente o Filho de Deus,* que participa plena e eternamente da intimidade divina, e que, por isso, está repleto do Espírito de Deus ou Espírito Santo.

O mistério de Cristo, Messias e Filho verdadeiro do Deus verdadeiro, expressa-se no simbolismo de uma

11. O MISTÉRIO CRISTÃO

cena muito bela relatada pelos quatro evangelistas: o Batismo do Senhor. Contam os evangelistas que, estando um dia João Batista a administrar o batismo junto ao rio Jordão, Jesus de Nazaré se aproximou dele e pediu-lhe que o batizasse. João Batista não quis atendê-lo, porque sentia-se indigno, mas, ante a insistência de Jesus, cedeu. Nesse momento, escutou uma voz que lhe dizia: *"Este é o meu Filho muito amado, em quem pus as minhas complacências. Escutai-o"* (Mt 3, 17). No mesmo instante, uma pomba desceu sobre Jesus, e, ao vê-la, João Batista entendeu que lhe estava sendo manifestado o mistério do Messias, pois a pomba representava o Espírito Santo. Foi desse modo, ao ouvir a voz do Pai e entender a unção do Espírito Santo, que lhe foi manifestado o mistério de Jesus, Messias e Filho de Deus.

Esta é a fé da Igreja em Jesus de Nazaré e que se pode expressar nas palavras de Pedro: "Tu és o Messias, o Filho de Deus vivo". A Igreja entende que em Jesus de Nazaré se cumprem as promessas de aliança, salvação e plenitude que Deus havia feito a Israel, e que Jesus Cristo é Filho verdadeiro de Deus, "nascido do Pai antes de todos os séculos; Deus de Deus, Luz da Luz, Deus verdadeiro de Deus verdadeiro", como recitamos no Credo.

O maravilhoso prólogo do Evangelho de São João resume, ao mesmo tempo, o mistério da Pessoa de Cristo e o da sua missão: *Veio aos seus e os seus não o receberam, mas a quantos o receberam, deu-lhes o poder de se tornarem filhos de Deus [...]. E o Verbo* [a Palavra de Deus, Deus Filho] *se fez carne e habitou entre nós, e vimos a sua glória, glória como filho unigênito do Pai* (Jo 1, 12-14).

Com o mistério de Cristo, a moral cristã recebe umas dimensões completamente novas: Deus fez-se homem

MORAL: a arte de viver

para que os homens pudéssemos chegar a participar da vida divina. Na Bíblia, o nome simbólico do Messias é "Emanuel" (em vernáculo, Manuel), que significa "Deus conosco". Deus quis viver entre nós. Mas não só quando viveu em Israel há dois mil anos. O mistério da moral cristã é que Cristo "Deus conosco" intervém na vida de cada cristão. A vida cristã consiste em identificar-se com Cristo; em viver nEle, com Ele e por Ele.

Cada cristão também é ungido pelo Espírito Santo e convertido em filho de Deus. É chamado a realizar na sua personalidade a Pessoa de Cristo. E é chamado também a participar da sua missão salvadora.

Vimos que o pecado é a razão última das incoerências humanas e a razão última do mal nas sociedades e no mundo. A missão de Cristo ia ser muito mais universal e definitiva do que Israel imaginava. Cristo ia manifestar o que é o pecado e, com sua morte e ressurreição, abrir o caminho para vencê-lo.

Com o mistério da morte e ressurreição de Cristo, Deus ia dar-nos a oportunidade de repararmos os nossos pecados e de nos convertermos em filhos seus. Nisto consiste a moral cristã: em participar desse grande dom, dessa graça, que Deus liberalmente quis dar-nos com a morte do seu Filho e a participação no seu Espírito Santo.

Depois de termos tratado agora da Pessoa de Cristo, falaremos nas próximas páginas da sua missão. Em primeiro lugar, veremos que a cruz manifesta a verdadeira dimensão do pecado; depois veremos que com ela se dá um sentido novo ao sofrimento humano; finalmente, trataremos da Ressurreição de Cristo e veremos que dá também um sentido novo à morte.

11. O MISTÉRIO CRISTÃO

Nesta parte do livro, temos que mudar o *modo de expressar-nos:* não estamos no terreno da ética, mas no dos mistérios de Deus. A linguagem da ética é uma linguagem de conceitos, de princípios, de formulações abstratas; a linguagem dos mistérios de Deus é a das palavras e gestos de Cristo, cheios de simbolismo. Temos que descobrir o sentido dos atos principais da sua vida, especialmente da sua morte e da sua ressurreição.

O pecado e a Cruz

Acostumados a contemplá-la como símbolo principal do cristianismo, a Cruz não nos chama a atenção. Vemo-la coroar os edifícios de culto e ser pendurada nas paredes dos quartos e dos escritórios ou colocada sobre o peito dos cristãos, e não choca o nosso olhar como *o símbolo horrível e desconcertante* que é. Não nos é insuportável, apesar do terrível paradoxo que encerra: Deus crucificado. O Filho de Deus feito homem e crucificado.

Veio aos seus — diz o evangelista São João — *e os seus não o receberam* (Jo 1, 11). Não só não o receberam, como o perseguiram e não descansaram enquanto não o mataram. Não devemos acostumar-nos a esta realidade tão forte e tão dramática: Deus que se faz homem — Deus conosco —, que quer viver entre os homens e compartilhar conosco as nossas alegrias e as nossas tristezas, e que é brutalmente rejeitado e levado ao patíbulo.

E não se tratou de um acaso, não foi um acidente, não foi a reação imprevista de alguns loucos ou de alguns fanáticos. Levaram-no à Cruz os responsáveis do povo de Israel, do povo escolhido por Deus, com quem Deus

MORAL: a arte de viver

tinha estabelecido uma aliança. O povo que esperava um Messias, um enviado de Deus, rejeitou-o porque não coincidia com a ideia que tinha feito dele.

Esse erro terrível — esse enorme pecado — ocorreu uma só vez na história. Mas seria resolver as coisas muito depressa pensar que essa horrível rejeição de Deus afetou apenas os que nesse momento rodeavam o Senhor. Não; no mistério daquela horrível injustiça, de algum modo está implicada toda a humanidade.

Os que mataram a Deus não sabiam que era Deus. Julgavam que era um homem qualquer, só que particularmente incômodo. Talvez não pudessem ou não quisessem acreditar que era Deus. Não há dúvida de que Jesus de Nazaré não combinava com a ideia que tinham de Deus. Se tivessem sabido que era o Filho de Deus, não se teriam atrevido a fazer o que fizeram. Mas nem por isso deixa de ser horrível. Para cometer uma brutalidade, não é necessário maltratar fisicamente a Deus, percebendo perfeitamente que é Deus. *Não é necessário desejar matar a Deus para pecar.* Isso, na realidade, é impossível: excede por completo as possibilidades da psicologia humana. Nós, os homens, não temos uma capacidade tão grande para o mal: não passamos de criaturas muito limitadas, tanto para o bem como para o mal.

Ninguém se atreveria a rejeitar a Deus se o visse com todo o seu poder e a sua grandeza. Sentir-nos-íamos esmagados. Mas como é que trataríamos a Deus, se não tivéssemos medo dEle, se se pusesse realmente ao nosso nível? Por isso, não é descabido pensarmos no papel que teríamos desempenhado naquelas horas tristes em que o Senhor foi preso, julgado, condenado e levado ao patíbulo. Certamente, teríamos desempenhado um papel semelhante

11. O MISTÉRIO CRISTÃO

ao que desempenharam os homens de então: tê-lo-íamos perseguido, teríamos aprovado a sua condenação ou, pelo menos, tê-lo-íamos abandonado por medo.

Mas pode faltar-nos realismo à hora de representarmos aquelas cenas. Na realidade, é suficiente observarmos as cenas de todos os nossos dias. Porque Deus também passa por elas, embora não seja fácil reconhecê-lo: e ali também o perseguimos, e rejeitamos, e abandonamos. Todos nós *rejeitamos e fugimos muitas vezes do Deus que fala na nossa consciência,* do Deus que se insinua, que pede suavemente, que mal se deixa entrever. A esse Deus que se aproxima de nós — Deus conosco —, facilmente o maltratamos.

Deus procura-nos no fundo da consciência, e procura-nos na pessoa que passa ao nosso lado. Não se deve esquecer alegremente o "realismo" misterioso das palavras do Senhor sobre o Juízo final: *Afastai-vos de mim, malditos* (que surpresa ouvir Cristo falar nesse tom, no fim dos tempos!), *porque tive fome e não me destes de comer, tive sede e não me destes de beber.* [...] *E hão de perguntar-lhe:* "*Mas, Senhor, quando foi que te vimos faminto ou sedento?*" (cf. Mt 25, 31-46). E se isto acontece com as omissões, que dizer se o que fizemos ao longo da vida foi insultar, caluniar, maltratar, humilhar, enganar, abusar...?

Veio aos seus e os seus não o receberam. No fato histórico da rejeição de Cristo, expressam-se todos os pecados humanos, todas as rejeições ao Deus que se abeira de nós, ao Deus real, ao Deus que fala no fundo da consciência, ao Deus que se apresenta nos nossos irmãos, os homens. No mistério da Cruz, revela-se o que é o pecado, o que é a rejeição de Deus que se aproxima. *A Cruz é o símbolo de todos os pecados.*

MORAL: a arte de viver

Os pecados não são todos iguais. Também os que intervieram na morte de Cristo na Cruz não o fizeram todos da mesma maneira: uns abandonaram-no por medo, outros deixaram correr as coisas com indiferença, e outros perseguiram-no com sanha. Há também pecados de abandono, de fraqueza, e pecados de malícia: há momentos em que nos esquecemos de Deus por estouvamento; há momentos em que fugimos de Deus porque nos incomoda; e pode haver até momentos em que nos irrite e o rejeitemos.

É muito difícil chegar a ter *ódio a Deus,* entre outras razões porque, quando nos afastamos dEle, não o encontramos nas coisas nem na voz da consciência, que se apaga. No entanto, existe uma manifestação característica da rejeição a Deus, que é a aversão ou repugnância pelos homens bons e santos e pela sua Igreja. Não se odeia a Deus porque não é possível vê-lo, mas odeiam-se as manifestações da sua graça. É um sinal evidente de que algo de estranho acontece no coração do homem e de que o pecado é mais do que um simples erro teórico ou técnico.

Em qualquer grupo humano dá-se o mesmo fenômeno. Numa fábrica, num quartel, entre um grupo de estudantes, talvez haja um homem realmente bom e não simplesmente fraco ou tímido, mas realmente bom, honrado e justo, que cumpre com perfeição o seu dever, que trata os outros com um afeto sincero, que está sempre de bom humor. Basta um pouco de experiência humana para adivinhar as estranhas reações que suscitará entre os seus colegas.

Haverá quem o admire sinceramente, embora talvez não se veja com forças para imitá-lo; quem o olhe com

11. O MISTÉRIO CRISTÃO

certa pena, porque pensará que é um modo de ser demasiado ingênuo. Mas não há dúvida — e é ao mesmo tempo um terrível paradoxo — de que haverá outros a quem a simples presença daquele homem irrite: só porque é bom e não por outro motivo. Existe toda uma gama de rejeições — que vai desde a brincadeira levemente mordaz até a mania patológica — que tem essa origem inconfessável. Aos olhos de alguns, esse homem ir-se-á cobrindo de uma capa cada vez mais densa de motivos para tornar-se insuportável.

A presença real e exemplar do bem irrita os que se comportam mal, porque é como jogar-lhes na cara, embora sem pretendê-lo, a sua conduta desviada. Quem se comporta mal e não quer reconhecer o seu erro sente-se atacado: talvez tenha conseguido calar a sua consciência, mas não consegue extirpar do mundo a reprovação que uma só conduta honrada lança sobre todas as condutas malsãs. É uma réplica incômoda que lembra — inoportunamente para quem não quer corrigir-se — que a sua conduta é má, que são mal-intencionadas as suas tentativas de justificar-se ou de esquecer-se.

Esta é a razão pela qual Cristo padeceu. Não é possível explicar de outro modo que o Filho de Deus, que necessariamente tinha de ser o melhor de todos os homens bons que já viveram ou viverão neste mundo, tenha sido odiado até ao extremo de o fazerem morrer na Cruz. Não podiam destruir o Deus que estava longe, mas puniram com a pena de morte o Deus que estava perto.

Não podemos pensar na morte de Cristo como se não tivesse nada a ver com o que fazemos todos os dias, como se não tivesse relação com os nossos pecados. Todos os homens tomaram e tomamos parte na rejeição

MORAL: a arte de viver

de Deus. Todos os homens contribuímos para envenenar o mundo, para deteriorar a nossa vida e a dos outros, e a vida das famílias e das sociedades, porque fugimos, rejeitamos e maltratamos o Deus que fala no fundo da nossa consciência. Todos nós participamos da rejeição da Cruz, da morte humilhante do Filho de Deus.

O sentido do sofrimento

A dor tem um papel na maturidade humana: os homens amadurecem ao contato com as dificuldades, com os trabalhos, com as penas, com as dores. Esse contraste fortalece a personalidade. Nada de grande se faz neste mundo sem muito sacrifício: requerem-no as grandes obras e também os grandes amores. São imaturas as pessoas que encontraram tudo feito, que não tiveram que trabalhar para construir nada, que não souberam sacrificar-se por um ideal ou por um amor. O sofrimento enobrece o homem; prova-nos, enrija-nos e purifica as nossas fraquezas, faz-nos mais compreensivos e mais sábios.

Mas tem um limite: existem sofrimentos que destroem o espírito e que quebram a personalidade. Junto à dor construtiva, que se assemelha à do esportista que tem de treinar para superar marcas, existe uma dor destrutiva, para a qual é difícil encontrar sentido. É a dor insuportável de uma doença; é a angústia instintiva diante da morte; são os desalentos e os fracassos profissionais, os fracassos econômicos, a derrota e a ruína. É a amargura de contemplar a destruição dos nossos projetos e realizações; a angústia de ver sofrer ou destruir-se a pessoa

11. O MISTÉRIO CRISTÃO

que amamos. É o abatimento que causa ver o triunfo da injustiça, a humilhação dos fracos e o sofrimento dos inocentes. É o horror das torturas e dos meios espantosos que os homens encontraram para subjugar, manipular e vingar-se dos seus semelhantes.

Estes são os sofrimentos que nos abatem e para os quais é difícil encontrar um sentido positivo. São sofrimentos que nos colocam cruamente diante do *mistério da dor* e nos fazem clamar a Deus, perguntando por quê. Mas enquanto durar a história, a resposta de Deus ao sofrimento do mundo é e será a Cruz.

A Cruz de Cristo revela um sentido novo para a dor. Cristo, o Filho de Deus, suspenso da Cruz, compartilha com todos os homens a dor física, a solidão, o desprezo e a perseguição injusta. O Filho de Deus quis fazer-se homem e viver as consequências da nossa condição humana, até as mais duras. Deste modo, todos podemos ter a certeza de que o nosso Deus nos compreende e está perto de nós: compartilha a dor física e a dor moral; sabe o que é sofrer, ser desprezado e morrer.

Por isso, *a Cruz é também o símbolo da solidariedade de Deus com todos os que sofrem,* especialmente com os que sofrem inocentemente, injustamente. Na Cruz de Cristo estão compendiados todos os sofrimentos dos homens. Todos acompanhamos Cristo no mistério da Cruz. Somos, de certo modo, como outros Cristos. Sem penetrarmos no mistério da Cruz de Cristo, não podemos entender o sentido da dor do mundo.

A Cruz dá um novo sentido ao sofrimento que surgiu do pecado. Cristo, que padece por ser justo, que padece precisamente por ser Deus, *aceita o padecimento e converte-o em oração e sacrifício.* Pede ao Pai que perdoe

MORAL: a arte de viver

o pecado dos homens: *Perdoa-os* — diz — *porque não sabem o que fazem* (Lc 23, 34). Aceita o sofrimento e oferece-o ao seu Pai como se oferece um presente, como um testemunho de amor. Despojado de tudo, oferece-se a si mesmo: entrega a dor do seu corpo, o sofrimento da sua alma e a sua morte.

Desde então, a dor humana pode adquirir esse sentido divino. Pode ser oferecida a Deus, unida à de Cristo, como testemunho de amor a Deus e de amor a todos os homens. Purifica-nos quando o sofremos, mas também purifica todas as coisas do mundo, se a sabemos unir à de Cristo. Sendo parte do sacrifício de Cristo, contribui para a pacificação do mundo, para o triunfo da justiça, para a conversão de todos os homens.

Isto não quer dizer que devamos ficar indiferente perante a dor, a injustiça e a morte: é preciso lutar contra elas; é preciso evitá-las sempre que possível. Mas muitas vezes não se pode evitá-las, apresentam-se na nossa vida sem que possamos fazer nada. Então, lembrando-nos de Cristo, é preciso que as aceitemos com amor; que nos unamos à Cruz de Cristo e esperemos com Ele a ressurreição. Na terrível solidão que causam em nós o sofrimento, a dor e a morte, encontramos a companhia inesperada de Cristo.

A Cruz é um mistério. Sem dúvida, nós, os homens, teríamos escolhido outro método para reparar o pecado do mundo: teríamos preferido a violência; teríamos perseguido os pecadores e os teríamos castigado e destruído. Mas isso é porque não pensamos como Deus e porque não entendemos o que é o pecado. Deus preferiu a Cruz. Preferiu mostrar na Cruz o que é o pecado, mostrar na Cruz o seu amor pelos homens e do alto dela convidar

11. O MISTÉRIO CRISTÃO

ao arrependimento. Deus não quer converter o mundo pela força, mas pela Cruz.

A terrível cena em que Deus sofre com amor a rejeição dos homens é *um convite ao arrependimento e uma garantia do perdão de Deus*. São Lucas refere no seu Evangelho (23, 39) o maravilhoso episódio da conversão de um dos malfeitores que fora pregado em outra cruz, ao lado do Senhor. Vendo ali Cristo padecer injustamente, arrepende--se e pede-lhe que se lembre dele; imediatamente, Cristo consola-o, perdoa-o e promete-lhe a vida eterna.

A Cruz é a norma que Deus quis dar a este mundo desconjuntado pelo pecado. O sinal da ação de Deus no mundo não é o poder, nem a violência, mas a Cruz. Enquanto durar a história, a Cruz será o símbolo, a bandeira, o lábaro de Deus entre os homens. Toda uma lição sobre qual é o *método cristão para consertar o mundo*.

O Mistério Pascal

É uma utopia pensar que unicamente com meios humanos se pode consertar o mundo. A causa mais profunda do mal não é um erro de enfoque, nem um defeito técnico, é *um problema moral:* é o pecado. Na origem de todos os males do mundo, encontra-se a separação de Deus. Foi isso o que introduziu, e introduz continuamente, a desordem no interior do homem e das famílias e das sociedades. É por isso que, para consertar o mundo, não bastam nem as soluções teóricas nem as soluções técnicas.

As grandes *soluções teóricas* para o mundo acabaram por ser sonhos perigosos da razão; às vezes, verdadeiros pesadelos. Na nossa época, temos uma triste experiência

MORAL: a arte de viver

das utopias que pensavam possuir a fórmula para eliminar rapidamente os males do mundo: basta pensar nos horrores nazistas e comunistas, e nas barbaridades espantosas que se quis justificar alegando que eram tentativas de fazer um mundo melhor. As fórmulas utópicas, sempre bastante simples, escamotearam o problema do pecado. Fizeram recair a culpa de todos os males em coisas (a propriedade privada, a ignorância etc.) ou em pessoas (os judeus, as raças inferiores, os burgueses etc.), esquecendo que a causa dos males do mundo está no fundo de todos os corações.

Também os *avanços técnicos* não conseguem consertar o mundo. As invenções da inteligência humana conseguem melhorar aspectos parciais, às vezes muito importantes. Graças à técnica, por exemplo, pudemos sair de condições de vida miseráveis, fazer expandir a cultura; mais homens tiveram a possibilidade de viver dignamente; teve um efeito enormemente benéfico. Mas todos os frutos da inteligência são ambivalentes: consertam aspectos da atividade humana, mas não chegam a consertar o próprio homem. Não é a técnica que faz o homem, mas o homem que faz a técnica. Por isso, todos os avanços da técnica e da civilização podem ser empregados para tornar a vida humana mais digna e também para torná-la mais indigna: para torná-la mais livre e para manipulá-la mais cientificamente.

O esforço do homem por encontrar soluções teóricas e técnicas para os problemas do mundo é legítimo e necessário. Temos uma inteligência para ser empregada. Mas não se deve esquecer a *raiz moral do mal do mundo*. As forças humanas não são suficientes para consertar o

11. O MISTÉRIO CRISTÃO

pecado; *a ruptura mais íntima do homem é a sua separação de Deus*. E, como nos adverte o próprio Jesus Cristo, é precisamente dali, do centro do homem, do seu coração, que nascem todos os pecados... Só Deus pode consertar o fundo do coração... E o modo que emprega para isso escapa-nos.

Deus raramente intervém como nós faríamos: ordinariamente, permite que a história siga o seu curso; não castiga imediatamente o mal nem premia o bem. Se ser honesto comportasse imediatamente vantagens nesta vida, e o não sê-lo, penas e castigos, viciar-se-iam os motivos da nossa conduta: agiríamos bem só pelo benefício que obtemos e não porque é o bem. Para que haja verdadeira liberdade na escolha moral do homem as coisas têm de ser assim ou pelo menos Deus permitiu que fossem assim. Por isso, o bom ou mau comportamento não é garantia nem de êxitos nem de fracassos nesta vida. Justos e injustos triunfam e fracassam, sofrem e morrem de igual modo.

Às vezes, quem se comporta mal entra no jogo com vantagem, porque conta com mais recursos para triunfar. Isso revolta-nos. Mas as coisas são assim: nesta vida, a justiça nunca se realiza de uma maneira plena. Nem o bem é plenamente reconhecido e premiado, nem o mal corrigido e castigado. Nós, os homens, não somos capazes de fazer reinar a justiça porque não chegamos ao fundo dos corações — nem sequer do nosso —, e Deus cala-se. Nós temos que fazer, no nosso nível, tudo quanto pudermos para que o bem triunfe (nos nossos corações e nas nossas obras), mas é preciso compreender que Deus atua em outro nível e que não entenderemos as suas razões senão no fim dos tempos.

MORAL: a arte de viver

Na realidade, Deus mantém-se em atitude de espera porque *não é possível fazer plena justiça neste mundo sem destruí-lo*. Tudo — também cada um de nós — está ferido pelo pecado: não há modo de separar o justo do injusto, o bom do mau; todos somos em parte justos e injustos; não há ninguém tão bom que não tenha nada de mau, nem tão mau que não tenha nada de bom. Por isso, não se pode fazer justiça plena sem destruir o mundo. Como ilustra uma importante parábola do Senhor, neste mundo *crescem juntos o trigo e o joio,* e a mescla chega até os corações dos homens: e não se pode resolver esse problema sem despedaçá-los (cf. Mt 13, 24-30). Se Deus quisesse fazer imediatamente justiça, teria que acabar com o mundo.

Por isso, Deus aparentemente cala-se. Espera o resultado da história: espera até que o trigo e o joio acabem de crescer. E espera na Cruz, que é o lugar onde foi colocado pela injustiça do mundo. Quando o homem se sente inclinado a reclamar de Deus que faça justiça, não pode esquecer que Ele foi colocado na Cruz, não pode esquecer que a Cruz é a maior injustiça do mundo.

O método que Deus quis empregar para resolver o mal do mundo, enquanto durar a história, é a Cruz. Da Cruz, *Deus atua misteriosa e pacientemente nos corações dos homens;* converte-os e aproxima-os de Si.

A Cruz dá forças a todos os homens que deixam Deus falar na sua consciência e é assim, através dos homens que querem escutá-lo, que Deus atua no mundo. Não é uma ação ostentosa, mas uma ação que atravessa toda a história e que é do maior interesse para o coração de todos os homens. Ele quer fazer-se presente em cada coração humano. E a história pessoal de conversões e

11. O MISTÉRIO CRISTÃO

rejeições, de docilidade ou recusa ao que Deus fala na consciência, vai configurando a personalidade moral de cada homem e, através da conduta de cada homem, a fisionomia moral das sociedades e todas as realizações humanas.

Essa é *a verdadeira história do mundo,* a que Deus vai tecendo a partir dos corações dos homens com a colaboração livre dos que querem escutá-lo. Nós não a vemos nem a compreendemos; só sabemos que existe e, por isso, não acabamos de entender o sentido dos acontecimentos e nos queixamos, tantas vezes, do triunfo do mal.

A história terá um final como teve um princípio. Começou quando o mundo saiu das mãos de Deus e acabará quando Ele voltar a tomá-lo nas suas mãos. O final da história que os homens constroem é a morte. Mas o final da história que Deus constrói é a Ressurreição.

A *Ressurreição de Cristo,* ao terceiro dia da sua morte na Cruz, anuncia que o mal, o pecado e a injustiça deste mundo foram vencidos. Resolve a maior injustiça que nós, os homens, cometemos, que foi ter matado o Filho de Deus. E anuncia a ressurreição de todos os homens que tenham querido unir-se à Cruz e viver como Cristo. A sua Ressurreição é *uma promessa e as primícias* da vitória definitiva: é o sinal da vitória da justiça de Deus sobre o pecado dos homens.

Mas antes, todos nós temos que passar — como Cristo — pela porta da morte. A morte existe como um filtro por onde o mundo tem que passar para que se acabe de separar o trigo do joio. Para que a injustiça deste mundo acabe, é preciso purificar tudo. *Tudo tem que passar através da Cruz pela morte, para poder*

MORAL: a arte de viver

ressuscitar. Cada homem tem de ser purificado de toda a sua injustiça; precisa de um coração purificado, capaz de amar a Deus sobre todas as coisas, antes de poder entrar na sua presença.

E ele purifica-se nesta vida com a dor e, especialmente, com a morte. A morte é um convite à autenticidade. Não conseguirá atravessar essa barreira quem não seja nobre, puro e limpo. Nenhuma das nossas artimanhas nem das nossas fraquezas poderá passar sem ser purificada. A morte purificará especialmente as realizações que nesta terra tenham servido para alimentar o nosso orgulho.

No fim dos tempos, quando Cristo voltar glorioso, como se anuncia nos Evangelhos, completar-se-á o que se iniciou com a sua Ressurreição. Toda a história será julgada e todas as coisas materiais e espirituais do mundo serão limpas das consequências do pecado. Terá lugar a ressurreição de todos os homens: dos justos, para compartilharem a vida eterna com Deus; dos injustos, para sofrerem a morte eterna. O trigo será finalmente separado do joio nos corações dos homens, nas realizações humanas e ainda em toda a criação. E tudo o que de bom se fez neste mundo passará purificado para a vida eterna.

No mistério da Ressurreição de Cristo anuncia-se a vitória sobre o pecado e a renovação de todas as coisas. É a passagem definitiva da morte para a vida. Por isso, chama-se *Mistério Pascal* ao mistério da morte e ressurreição de Cristo. E a expressão tem um sentido muito profundo.

Páscoa significa "passagem" e era a festa judaica mais importante, em que Israel lembrava a sua "passagem" da situação de escravidão no Egito para a condição de

11. O MISTÉRIO CRISTÃO

povo, escolhido para firmar uma aliança com Deus e entrar na posse da Terra prometida. A morte e a ressurreição de Cristo tiveram lugar precisamente nos dias da celebração da Páscoa judaica. A Páscoa cristã é a celebração da Ressurreição de Cristo, com tudo o que isso significa: a passagem da escravidão do pecado para a vida em Cristo, a Nova Aliança com Deus e a promessa da vida eterna.

A Ressurreição de Cristo encerra a promessa da ressurreição de todos os que vivem nEle: a passagem da morte para a vida, e da injustiça do pecado do mundo para a justiça de Deus.

12. O CORPO DE CRISTO

Unir-se a Cristo

A partir do capítulo 14 do seu Evangelho, São João registra as palavras que o Senhor dirigiu aos seus Apóstolos durante a Última Ceia, horas antes de ser preso e levado a julgamento. E é nessa ocasião, como se lê no capítulo 15, que o Senhor utiliza uma misteriosa alegoria: *"Eu sou a videira, vós os ramos. Quem permanece em mim e eu nele, esse produz muito fruto, porque sem mim nada podeis fazer"* (15, 5). Diz aos seus Apóstolos que, para seguirem os seus passos, têm de unir-se a Ele, participar da sua vida.

A parábola da videira e dos ramos manifesta uma verdade muito importante: para darmos frutos na vida cristã, temos de *enxertar-nos em Cristo* e receber a seiva, a vitalidade do próprio Cristo. Se não estamos enxertados nEle, não temos nem capacidade, nem força, nem impulso para viver como Ele; até nos chega a parecer estranho esse modo de viver. Só unidos a Ele é que compreendemos e vivemos os ideais da vida cristã.

A vida de Cristo chega até nós pelo Espírito Santo. A ação do Espírito transforma-nos de um modo que não se pode medir, mas que é real: somos afastados do pecado e convertidos em filhos de Deus.

A ação do Espírito Santo na alma une-a ao mistério da vida de Cristo e ao mistério da sua morte e ressurreição. De certo modo, esses mistérios repetem-se em nós.

MORAL: a arte de viver

Cada cristão vence a sua condição de pecador quando se associa à morte e à ressurreição de Cristo, e é convertido em filho de Deus — à semelhança de Cristo — quando participa do seu Espírito Santo.

A inserção em Cristo tem alguns "momentos fortes", que são os *Sacramentos*. Os Sacramentos ou mistérios (que é o que significa a palavra "sacramento") são ações que *representam simbolicamente e, ao mesmo tempo, realizam a união com Cristo,* através dos mistérios da sua vida e da sua morte. Cada sacramento compõe-se de uma ação simbólica, ou sinal sagrado, e de umas palavras rituais que expressam o efeito espiritual que produzem.

São sete.* Vamos dividi-los em três grupos. Primeiro veremos os sacramentos que lembram especialmente a Pessoa e a missão de Cristo, o Ungido: Batismo, Confirmação e Unção dos enfermos. A seguir, veremos os que expressam e realizam a particular unidade do corpo de Cristo, que é a Igreja: a Eucaristia e a Penitência. Por fim, falaremos dos que preparam as diferentes funções que têm lugar no corpo da Igreja: a Ordem sacerdotal e o Matrimônio. Terminaremos esta parte abordando a relação que os mistérios de Cristo têm com todos os homens, tanto com os que chegam a conhecê-los e participam conscientemente deles, como com os que não chegam a conhecê-los.

a) *O primeiro sacramento é o Batismo.* Tem um duplo significado. Por um lado, o seu simbolismo expressa a limpeza do pecado. Ao ser lavado fisicamente, o interior do batizado fica limpo de todas as manchas do pecado.

---

* Para uma explicação abrangente dos sete Sacramentos, cfr. Leo Trese; *A fé explicada,* 15a. ed., Quadrante, São Paulo, 2021, Terceira Parte (N. do E.).

12. O CORPO DE CRISTO

Por outro lado, este sacramento lembra o batismo de Cristo e realiza o que se manifestou nesse batismo. Como dissemos antes, naquele momento tão importante, manifestou-se que Cristo era o Messias, o Ungido, porque estava ungido pelo Espírito Santo. Quando recebe o batismo, cada cristão é também ungido com o Espírito Santo e recebe-o na sua alma. Assim se assemelha a Cristo e se converte em filho de Deus.

No capítulo 5 da sua *Epístola aos Romanos*, São Paulo fala de *um novo nascimento,* que é o nascimento para uma vida em Cristo, de filhos de Deus. Quem se batiza é regenerado dos seus pecados e passa a ser um homem novo: morre para o pecado e recebe a vida de Cristo. Este simbolismo expressa o que tem que ser a tarefa moral de um cristão: *com a ajuda do Espírito Santo, cabe-lhe fazer morrer dentro de si o que é velho e caduco, todas as consequências do pecado, e esforçar-se para que a sua vida reflita cada vez mais a de Cristo, na qual foi enxertado.*

Com a morte do homem velho e a passagem para uma vida nova, que é a de Cristo, prepara-se a ressurreição final. O cristão sabe que a sua vida foi transformada em Cristo e que, portanto, participará da sua ressurreição. Por isso, a morte, embora não desapareça, perde com o Batismo o seu caráter fatal de destruição do homem e converte-se no passo purificador que permitirá entrar na vida definitiva. Quando se batiza, o cristão começa já a participar dessa vida e recebe um penhor da ressurreição futura.

b) A efusão do Espírito Santo que se recebe no Batismo é confirmada com outro sacramento que se chama precisamente assim: o *sacramento da Confirmação.*

MORAL: a arte de viver

Por este sacramento — que se realiza quando o bispo ou um seu delegado impõe as mãos sobre o fiel e o unge com um óleo especialmente consagrado —, o cristão recebe um selo especial, uma confirmação no Espírito Santo para participar na missão de Cristo: vê fortalecida a sua fé, recebe ajuda para penetrar nos mistérios de Deus e forças para anunciar a salvação de Deus a todos os homens.

Com a vinda do Espírito Santo, no dia de Pentecostes, realizou-se a confirmação na fé e na missão de Cristo: os Apóstolos, que até então não se tinham atrevido a manifestar publicamente a sua fé e andavam escondidos por medo, foram transformados, enchendo-se de luz e de ímpeto para anunciar decididamente a mensagem de Cristo. Aquela confirmação, que deu força e valentia à primitiva Igreja, repete-se, de algum modo, em cada cristão quando recebe este sacramento. Por isso, a Confirmação é o sacramento da maturidade cristã, o momento de *assumir com mais responsabilidade a tarefa da Igreja:* viver plenamente a vida de Cristo e dar a conhecer a sua mensagem entre os homens.

c) A *Unção dos enfermos* é o terceiro sacramento de que vamos tratar aqui. É conferida aos que, por uma doença grave, estão em perigo mais ou menos próximo de morte, bem como aos anciãos que, pela sua idade, veem de perto o momento de encontrar-se definitivamente com o Senhor. O sacerdote unge, com óleo especialmente consagrado, o corpo da pessoa e roga a Deus por ela.

Com este sacramento, prepara-se o doente para se associar a Cristo e *participar do mistério da sua Cruz.* Ajuda-o a ter a mesma disposição de Cristo no Horto das

12. O CORPO DE CRISTO

Oliveiras: "Pai, se é possível, afasta de mim este cálice; não se faça, porém, a minha vontade, mas a tua". Dá-lhe forças para aceitar e amar os seus sofrimentos como meio de purificação e como modo de se identificar com a missão de Cristo. Ao ser ungido, converte-se, de certo modo, num sacerdote: pode oferecer ao Pai, unido a Cristo, o seu próprio sacrifício; pode converter os seus sofrimentos e as suas angústias em oração por todos os homens e em testemunho de amor a Deus.

A comunhão com Cristo

Com o Batismo e a Confirmação, os cristãos recebem o Espírito Santo e enxertam-se em Cristo. Formam então uma unidade muito peculiar, que se chama *comunhão dos santos*.

"Comunhão" significa comum-união, de todos com todos. É o conceito chave para entender o que é a Igreja. A palavra Igreja significa precisamente reunião ou comunhão. E diz-se que é *comunhão dos santos*, porque é a *comunhão de todos os que foram santificados pela unção do Espírito Santo*, que os enxertou em Cristo.

Nessa comunhão, que é o vínculo mais íntimo da Igreja, estão unidos todos os cristãos: não só os que agora vivem sobre a terra, mas também os que já morreram e vivem em Deus. Nela ocupam um lugar muito particular as pessoas mais próximas ao Senhor — os santos — e especialmente a sua Mãe, a Virgem Maria. A Igreja é um mistério de comunhão. É um mistério porque não é uma simplesmente uma sociedade humana. Não é simplesmente a reunião de um grupo de discípulos mais ou menos organizados. É uma comunhão no Espírito

MORAL: a arte de viver

Santo. O vínculo mais profundo da comunhão da Igreja é o próprio Espírito Santo. Por isso, costuma-se dizer que o Espírito Santo é a "alma" da Igreja.

Para explicar o que é a Igreja, São Paulo serve-se da imagem de um corpo: tal como a define, *a Igreja é o corpo de Cristo*. Não é uma simples associação de pessoas, mas uma união íntima e orgânica entre todos os cristãos, cujo núcleo — "cabeça", chama-lhe São Paulo — é o próprio Cristo. Todos os cristãos estão enxertados em Cristo e entre si, misteriosa e invisivelmente, pelo Espírito Santo que trazem na alma, e por outros vínculos que os associam à instituição visível, real e histórica que é a Igreja tal como Cristo a quis. Assim, a Igreja pode ser entendida como um Corpo que está vivificado pelo Espírito de Cristo.

A presença do Espírito Santo atua em cada cristão e no conjunto da Igreja como Corpo. O Espírito vivifica o Corpo da Igreja e dá-lhe forças para que continue com eficácia a missão de Cristo. Com essa ajuda, a Igreja prega a sua palavra e faz presente em todo o mundo o mistério da sua morte e ressurreição. Nela, todos os homens podem encontrar a mensagem de Cristo e os sacramentos para se unirem a Ele.

Vamos tratar aqui de dois sacramentos que se referem muito diretamente à Igreja, como comunhão dos santos: o sacramento da Eucaristia e o da Penitência. A seguir, estudaremos outros dois sacramentos que se referem à organização do Corpo da Igreja: o sacramento da Ordem sacerdotal e o do Matrimônio.

a) A *Eucaristia* é o mais importante de todos os sacramentos e o que tem o simbolismo mais rico. Nele se faz

12. O CORPO DE CRISTO

presente o mistério da morte e ressurreição de Cristo; e é o sacramento que expressa e realiza a comunhão da Igreja.

Repetindo os gestos que o próprio Cristo fez durante a noite em que ia ser entregue, a Igreja rememora a sua morte na Cruz. Não se limita, porém, a realizar uma simples comemoração histórica, mas *torna realmente presente a Morte e Ressurreição de Cristo, em todos os tempos e em todos os lugares.*

O simbolismo deste sacramento é o mesmo que Cristo utilizou na noite da Quinta-Feira Santa. O Senhor tomou o pão e, abençoando-o, declarou que era o seu Corpo que havia de ser entregue pelos homens; e, ao tomar o cálice do vinho, declarou que era o seu Sangue, o Sangue da Nova Aliança, do novo pacto entre Deus e os homens, que ia ser derramado para o perdão dos pecados. Depois, pediu aos seus Apóstolos que repetissem essa ação em sua memória. Desde então, a Igreja obedece ao Senhor e celebra a Eucaristia ininterruptamente, tornando presente a morte de Cristo e a Nova Aliança com Deus, em todos os tempos e em todos os lugares da terra.

Na Eucaristia, os cristãos são convidados a comer o Corpo e o Sangue de Cristo, como também o foram os Apóstolos na Última Ceia. Isto tem um significado muito rico. Comer o Corpo entregue em sacrifício significa *participar do sacrifício* de Cristo e dispor-se a receber os seus frutos. É um gesto muito expressivo de identificação com Ele e por isso o cristão precisa da comunhão. A Igreja pede a todos os batizados que comunguem pelo menos uma vez por ano, durante o tempo pascal. Mas é bom comungar com frequência, devidamente preparado,

MORAL: a arte de viver

em especial durante a assistência à Eucaristia dominical. A vida de Cristo em nós alimenta-se assim.

Comer o Corpo de Cristo significa também a união de todos os cristãos no único corpo de Cristo e expressa a realidade do que é a Igreja. Quando cresce a união de cada cristão com Cristo, cresce também a unidade da Igreja. Por isso se diz que *a Eucaristia expressa e ao mesmo tempo edifica a Igreja.*

Ao comungar, os cristãos expressam a sua união com o Corpo Místico e espiritual que é a Igreja. Por essa razão, só podem abeirar-se da comunhão os que estão realmente unidos a esse Corpo: os que foram batizados, os que estão vinculados à Igreja visível e não perderam a sua união espiritual por causa do pecado. Não devem comungar os que não estão unidos à Igreja, nem os que se separaram dela, nem os que têm consciência de ter cometido um pecado mortal, pois *perderam a sua união vital* com o Corpo Místico de Cristo que é a Igreja e se converteram em membros mortos. Por isso, não devem comungar antes de se terem convertido de novo em membros vivos.

b) A conversão, o enxertar-se de novo na vida de Cristo, pode ser alcançado em outro sacramento: o *sacramento da Penitência,* também chamado sacramento da Reconciliação ou Confissão.

Como o cristão faz parte de um corpo, cada um dos seus pecados, como também cada um dos seus atos bons, afetam a totalidade desse corpo. Por isso, embora o pecado seja um ato privado, da consciência de cada um, afeta na realidade toda a Igreja. Esse é o mistério da comunhão dos santos. Tudo o que fazemos de bom

12. O CORPO DE CRISTO

favorece a saúde da Igreja e dos seus membros e tudo o que fazemos de mau repercute também em todo o corpo que é a Igreja. É o mesmo que acontece, efetivamente, num corpo vivo: a doença de um membro afeta todo o corpo. São Paulo utiliza esta comparação. No sacramento da Penitência, o cristão que tem consciência de ter pecado recorre ao sacerdote que representa a Igreja e pede perdão a Deus. O sacerdote perdoa-o em nome de Deus e reintegra-o na comunhão com o Corpo Místico de Cristo. Na tradição cristã, os dois aspectos são inseparáveis, já que nos unimos a Deus através do Corpo de Cristo. Por isso, não basta que peçamos perdão a Deus privadamente, mas temos de fazê-lo através da Igreja, que é onde encontramos a nossa união plena com Deus.

As funções do Corpo

A Igreja é um Corpo porque é uma união orgânica, com funções que se interpenetram e o fazem cumprir o seu fim: prolongar a missão de Cristo em todas as épocas e em todos os lugares. Existem dois sacramentos que organizam o Corpo da Igreja. São o sacramento da Ordem e o do Matrimônio.

a) O sacramento da Ordem sacerdotal prepara alguns cristãos para *exercerem publicamente na Igreja a missão de pregar em seu nome e proporcionar aos outros cristãos os sacramentos.*

Todos os cristãos participam da missão de Cristo e, portanto, têm o dever de anunciar a sua palavra. Mas alguns são escolhidos e preparados para anunciar a

MORAL: a arte de viver

palavra de Deus publicamente, em nome da Igreja. O sacramento da Ordem consagra-os para essa missão, e garante-lhes uma especial ajuda do Espírito Santo para entender, interpretar e transmitir com dom de línguas a mensagem de Cristo.

b) O sétimo e último sacramento, pela sequência em que os apresentamos aqui, é o *sacramento do Matrimônio*. Por este sacramento, abençoa-se a união conjugal entre dois cristãos. O sacramento santifica a instituição natural e dá-lhe um sentido novo e mais profundo.

Quando uma mulher e um homem cristãos recebem um ao outro como marido e mulher, criam um vínculo que não é apenas uma relação privada entre os dois, nem apenas uma relação jurídica perante a sociedade, mas também um vínculo muito especial diante de Deus e diante da Igreja. É a união íntima entre dois batizados, dois membros do Corpo Místico de Cristo: uma união dentro de outra união, que é a Igreja. E é uma união aberta à possibilidade de nela se incorporarem outras vidas, as dos filhos. Por isso, cada família cristã é como uma pequena parte da comunhão da Igreja e é designada, com uma expressão muito antiga, por *Igreja doméstica*.

O Matrimônio ordena-se naturalmente para a mútua comunhão dos esposos e para a fundação de uma família. O sacramento reforça a união entre os esposos para que se compreendam, se respeitem, se amem e se ajudem. E abençoa a sua fecundidade: não trarão somente homens ao mundo, mas também filhos de Deus. Dá-lhes força para que saibam educar cristãmente esses filhos e os ensinem a viver como filhos de Deus.

12. O CORPO DE CRISTO

Estes são os sete Sacramentos: sinais que realizam de diversos modos a inserção na vida de Cristo e na Igreja que é o seu Corpo. São momentos importantes para a identificação com Cristo, ou seja, para se adquirir o *modo de ser de Cristo*, que é a *essência da moral cristã*.

Catolicismo

O Filho de Deus fez-se homem e morreu na Cruz para nos abrir o caminho que nos liberta do pecado e para nos dar a possibilidade de ser filhos de Deus. Ocupou a maior parte da sua vida, uns trinta anos, em tarefas normais, como as de qualquer homem do seu tempo. Com isso, todas as tarefas humanas, mesmo as mais comuns, adquiriram a capacidade de contribuir para a tarefa de Redenção que era a missão de Cristo.

Dedicou os três últimos anos — que chamamos vida pública — a explicar a sua doutrina, reunir discípulos e prepará-los. No fim, depois dos acontecimentos desconcertantes da sua prisão, do seu julgamento e da sua morte, perseverava ao seu redor um grupo de discípulos não muito numeroso, talvez uns cento e cinquenta.

A esses discípulos, depois da sua Ressurreição, Cristo pediu-lhes que continuassem a sua missão: *"Ide e pregai a todos os povos, ensinando-lhes tudo o que vos disse e batizando-os em nome do Pai, do Filho e do Espírito Santo"* (Mt 28, 19). E prometeu-lhes a ajuda do Espírito Santo, que havia de descer sobre eles na festa de Pentecostes. Com essa ajuda, esses homens começaram logo após a pregar valentemente a mensagem de Cristo e a incorporar novos discípulos à Igreja. Desde então,

MORAL: a arte de viver

com muitas dificuldades, com avanços e retrocessos, a Igreja expandiu-se por todo o mundo.

A Igreja é universal por vocação. Por expresso desejo de Cristo, está destinada a todos os homens, de todas as raças, de todos os lugares, de todas as culturas, de todos os tempos. Precisamente por isso tem o título de "Católica", palavra grega que significa *universal: aberta a todos os homens e a todas as realidades do mundo*. E afeta o homem inteiro, todas as dimensões do ser humano: o trabalho, o descanso, as relações com a natureza, com os outros homens, com a sociedade, com Deus; os horizontes de vida, as ambições, os desejos. Ser cristão não é somente cumprir umas práticas religiosas de vez em quando. O cristão é um homem transformado em Cristo, um homem novo.

Para viver com coerência, esse homem novo tem de adquirir a devida formação: conhecer a vida de Cristo e meditar na sua doutrina para ajustar a ela a sua própria vida. E tem que participar também dos Sacramentos, a fim de ter a força suficiente para consegui-lo. O cristianismo tem por alicerce uma conduta baseada na vida de Cristo.

Mas não é só isso. Precisamente porque a mensagem de Cristo se dirige ao homem inteiro e a todos os homens, cabe aos cristãos — como membros da Igreja, que sempre se preocupou em pregar essa mensagem e de oferecer a todos a participação na própria vida de Cristo, mediante os Sacramentos — o dever de contribuir, segundo as suas possibilidades, para a realização desse objetivo.

Não somente todos os homens têm necessidade de receber o influxo salvador de Cristo, mas também todas

12. O CORPO DE CRISTO

as coisas, porque tudo foi afetado pela marca do pecado e precisa ser renovado e recapitulado em Cristo. É preciso salvar todas as realidades do mundo: a cultura, a organização da sociedade e mesmo a natureza. Tudo precisa de Jesus Cristo para chegar à sua plenitude.

Mas o modo de chegar a isso, o *método da salvação* que a Igreja realiza em nome de Cristo *começa pelo coração dos homens*. Ao unir os homens com Deus, a Igreja resolve a raiz de todos os males do mundo, de todas as suas rupturas: a causa da ruptura interior do homem, da divisão entre os homens e mesmo da desordem do mundo natural. A ação salvadora da Igreja não se move no plano da organização da sociedade, nem da configuração da cultura, nem dos meios técnicos. Estas podem ser consequências do agir cristão. Mas a ação própria da Igreja é a que se dirige a resolver a raiz do mal, que é o pecado: a rejeição e a separação de Deus. Como ensina o Concílio Vaticano II na sua Constituição Pastoral *Gaudium et Spes,* cabe aos bispos e sacerdotes formar as consciências cristãmente e ilustrá-las com a mensagem de Cristo, e cabe a cada cristão decidir de que modo deve cristianizar cada uma das atividades que realiza.

É evidente que a salvação plena não pode ser alcançada na história tal como a conhecemos. Por um lado, existem limitações de tipo físico: não é possível chegar a todos e a todas as partes. Por outro, existem limitações de tipo moral, que são as mais graves: não é possível extirpar plenamente o pecado dos corações dos homens. Nós mesmos, os cristãos, apesar da ajuda de Deus, que nos converte e nos transforma, somos ainda neste mundo homens pecadores; e manchamos com os nossos pecados a imagem da Igreja na história.

MORAL: a arte de viver

Por nossa culpa, às vezes, a Igreja não brilha como o que é: um sinal da presença salvadora de Deus entre os homens. Os nossos pecados ocultam, às vezes, aos olhos dos homens, a verdade da Igreja. Por isso, é tanta a nossa responsabilidade e tem que ser tanta a nossa preocupação por ser cristãos coerentes que se esforçam por viver realmente como filhos de Deus.

Só no fim dos tempos, quando Cristo voltar para julgar e purificar todas as coisas, é que a Igreja brilhará na sua plenitude e será reconhecida por todos os homens como o lugar da salvação de Deus. Só então se acabará de cumprir a missão de Cristo. Só então o pecado será plenamente vencido nos nossos corações e em todas as realizações humanas. Nesse ínterim, a ação dos cristãos é apenas parcial e é como *um sinal, uma antecipação e uma preparação* do que há de ser a salvação definitiva.

E o que acontece com os que não sabem nada de Cristo, com os que não tiveram a sorte de conhecer a sua Igreja? Como poderão salvar-se? Como chegarão a conhecer a Deus, a vencer o pecado, a converter-se em filhos de Deus?

Para começar, Deus quer que nos esforcemos por anunciar o Evangelho. Quer que nos esforcemos por conseguir que os homens que nos rodeiam tenham a alegria de encontrar Cristo e de unir-se a Ele na sua Igreja.

Por seu lado, Deus age também de uma maneira que não podemos conhecer. Nós só vemos o que acontece na superfície da história. Não somos capazes de conhecer como Deus age nos corações dos homens e, através deles, em todas as realidades humanas.

Sabemos, no entanto, que Cristo é *para todos os homens*, que o mistério da sua Morte e Ressurreição é para todos.

12. O CORPO DE CRISTO

Estamos certos de que Deus não abandona nenhum homem, que quer salvar a todos e que a todos quer enxertá-los no mistério da morte e da ressurreição do seu Filho. Não sabemos como age, mas sabemos que age.

Sabemos que aqueles que não conhecem Cristo nem a sua Igreja podem estar, no entanto, realmente unidos a Ele. Podem receber também — se são fiéis ao que Deus lhes pede na consciência — o Espírito de Deus na sua alma. E, por isso, podem ser incorporados também misteriosamente à sua Igreja. Para designar esta situação, diz-se, figuradamente, que pertencem à alma da Igreja, embora não pertençam ao corpo, porque não receberam os Sacramentos.

Também neste sentido a Igreja é católica. Como sinal da presença de Deus no mundo e como sacramento da sua salvação, congrega misteriosamente todos os homens de todas as raças, de todos os povos, de todas as culturas, e no seu seio renovam-se também todas as coisas humanas.

13. O ESPÍRITO DE CRISTO

A Boa-Nova

Se o Filho de Deus não tivesse vivido entre nós, não saberíamos nada da vida de Deus. *A Deus ninguém viu* — lê-se no Prólogo do Evangelho de São João —; *foi o Unigênito que está no seio do Pai quem no-lo revelou* (1, 18). Cristo descobriu-nos como é a vida divina ao manifestar-nos que Ele é o Filho verdadeiro de Deus e ao falar-nos do Espírito Santo, que é, ao mesmo tempo, o Espírito do Pai e o Espírito do Filho.

Assim nos deu a conhecer que em Deus há três Pessoas: Pai, Filho e Espírito Santo; e que a vida de Deus consiste precisamente nas relações entre o Pai, o Filho e o Espírito Santo. Assim chegamos a penetrar no mistério da intimidade de Deus, o mistério da vida divina, *o mistério da Trindade.*

Com as nossas palavras, só podemos expor de uma maneira muito pobre a grandeza deste mistério. Mas sabemos que as nossas palavras são verdadeiras e que, embora mal possamos vislumbrar o que significam, é verdade que a vida de Deus consiste nessas relações, que são de conhecimento e de amor, entre o Pai, o Filho e o Espírito Santo.

Confessamos que Cristo é o Messias, o Ungido pelo Espírito Santo e o Filho verdadeiro de Deus. O mistério da moral cristã consiste precisamente em que, através

MORAL: a arte de viver

dos mistérios da sua morte e ressurreição, nós somos também ungidos com o Espírito Santo e convertidos em filhos de Deus. Cristo enviou o Espírito Santo às nossas almas e desse modo podemos enxertar-nos no Filho e participar real e misteriosamente da vida de Deus: *Vede que amor nos mostrou o Pai para que sejamos chamados filhos de Deus e o sejamos de verdade,* diz o Apóstolo São João na sua Primeira Epístola (3, 1).

Esta é a Boa-Nova, a boa notícia que Cristo trouxe ao mundo. *Evangelho* significa precisamente Boa-Nova. E a Boa-Nova cristã é esta: que o pecado do mundo e a morte foram superados por Cristo e que, enquanto vivemos neste mundo, em Cristo podemos vencer o pecado e chegar a ser *filhos de Deus.*

A presença do Espírito Santo na alma faz-nos semelhantes a Cristo, na medida em que nos dá a participar a sua vida. Por isso, a moral cristã pode ser definida como *imitação de Cristo* e também como *seguimento de Cristo.* E é uma boa definição, porque encerra além do mais um ensinamento prático: é preciso aprender de Cristo, tal como no-lo mostram os Evangelhos: imitar as suas ações, seguir os seus conselhos, meditar os seus ensinamentos, procurar adquirir os seus mesmos sentimentos. Perante qualquer situação, devemos perguntar-nos o que faria o Senhor se se encontrasse nas nossas mesmas circunstâncias; e tentar imitar o Filho de Deus, para vivermos como um filho de Deus.

Mas a moral cristã não é só "imitação" ou "seguimento" externos: é verdadeira repetição e assimilação da sua vida. Não é uma teoria ou sequer uma descrição de como se deve viver: não é simplesmente o *relato* da vida de Cristo, mas realmente a *participação na sua vida.*

13. O ESPÍRITO DE CRISTO

Cristo torna-se presente no viver e no morrer de cada cristão. Por isso, Cristo é o centro da moral cristã.

A presença do Espírito Santo na intimidade da alma produz uma transformação no homem, que é real: faz aparecer no cristão *os traços espirituais de Cristo*. Na medida em que somos fiéis aos impulsos do Espírito Santo, que se manifestam na consciência, pouco a pouco vamos sendo transformados. Não se trata só do sulco que deixam os nossos bons atos — as virtudes —, mas de uma transformação que procede diretamente de Deus e que melhora o nosso modo de ser sem que percamos a nossa identidade.

Por isso, todos os santos, todos os homens fiéis a Deus, têm traços comuns, ainda que, ao mesmo tempo, sejam personalidades muito diferentes. Todos se parecem com Cristo; todos reproduzem o que Jesus Cristo teria sido se tivesse vivido nas suas circunstâncias. É que realmente, pela ação do Espírito Santo, de algum modo, Cristo vive neles.

E através dos homens de Deus o efeito transformador — santificador — do Espírito Santo chega a todas as realidades do mundo. Dessa maneira, todas as realidades da terra, através da ação dos homens bons, vão-se aproximando de Cristo. Esse é o principal modo com que Deus atua neste mundo. Por isso, às vezes, não o vemos e parece que não está nas realidades deste mundo; e, no entanto está, porque, onde quer que haja um homem justo, atua o Espírito Santo e realiza-se a salvação de Deus.

Ao efeito da presença transformadora do Espírito Santo na alma chama-se *graça santificante:* "graça" porque essa presença é um presente, um dom maravilhoso de

MORAL: a arte de viver

Deus; e "santificante" porque nos santifica ao fazer-nos semelhantes a Cristo.

A moral cristã não oferece apenas princípios teóricos e motivações religiosas, mas proporciona além disso *um princípio vital* — a graça santificante — *que nos permite viver como filhos de Deus*. Por isso, não se pode expor o mais característico da moral cristã como se expõe uma ética: não é um conjunto de princípios raciocinados que se podem enumerar e explicar. *É uma vida que se transmite pela união com Cristo*. Por isso foi necessário falar dos mistérios da vida de Cristo, como foi necessário falar também dos Sacramentos.

Nos capítulos que se seguem, veremos alguns traços que são próprios da fisionomia espiritual de Cristo e que se repetem em cada cristão. Primeiro falaremos do trato com Deus: para os cristãos, Deus é nosso Pai. Depois falaremos das bem-aventuranças, em que Cristo expõe e louva alguns traços do ser cristão. Finalmente, trataremos da caridade, que é o impulso que deve comandar todas as nossas ações e que torna o nosso agir semelhante ao de Deus.

Pai nosso

Nós, os cristãos, chamamos "Pai" a Deus. Assim nos ensinou Jesus Cristo ao explicar-nos como tínhamos que rezar: "Pai nosso, que estais no céu, santificado seja o vosso nome, venha a nós o vosso reino; seja feita a vossa vontade assim na terra como no céu".

E chamamos-lhe Pai com todo o direito, pois verdadeiramente somos filhos de Deus. Recebemos o próprio Espírito de Deus, que Cristo tem em plenitude. Por isso

13. O ESPÍRITO DE CRISTO

não somos filhos de uma maneira simbólica, mas real. Chamamos-lhe Pai como Cristo também lhe chama. Com a diferença de que Cristo lhe chama Pai desde toda a eternidade, ao passo que nós apenas a partir do momento em que recebemos o seu Santo Espírito. Jesus Cristo é Filho do Pai desde sempre e recebeu a plenitude do ser de Deus desde toda a eternidade; ao passo que nós somos seres criados no tempo, que só podem receber a vida de Deus de uma maneira parcial e participada. Por isso São Paulo diz na sua Epístola aos Romanos que nós somos filhos por adoção: *Todos os que são conduzidos pelo Espírito de Deus são filhos de Deus. Porque [...] recebestes o Espírito de adoção de filhos, pelo qual clamamos: Abba, Pai* (8, 14-15).

Foi Ele, e não nós, quem quis que as coisas fossem assim. Foi Ele quem quis fazer-nos seus filhos em Cristo, e que fôssemos irmãos de Cristo e alguma coisa mais que irmãos, já que somos identificados com Ele. Por sua iniciativa, Ele é nosso Pai e nós somos seus filhos.

Isto modifica o que dissemos antes, no capítulo 10, a propósito do trato com Deus. Ali dizíamos que Deus merece o nosso amor pleno. Mas agora matizamos: o amor que devemos a Deus é *um amor de filhos*. Isto dá uma tonalidade particular ao primeiro Mandamento: "Amarás o Senhor teu Deus com todo o teu coração, com toda a tua mente, com todas as tuas forças", como também dá uma tonalidade particular ao outro mandamento: "Amarás o teu próximo como a ti mesmo".

O nosso relacionamento com Deus, embora sempre cheio de respeito, tem que ser um relacionamento de filhos. Por sermos filhos, procuramos que seja santificado o seu Nome: isto é, que sejam muitos os homens

MORAL: a arte de viver

que cheguem a conhecê-lo e amá-lo. E preocupamo-nos com as suas coisas, com as coisas da família de Deus. Por isso, pedimos que venha a nós o seu Reino: que se estenda pelo mundo o Reino de Cristo, que a ação salvadora de Cristo chegue a todas as coisas.

E pedimos também que se cumpra a sua vontade: "Seja feita a vossa vontade assim na terra como no céu". Temos que guiar-nos pelo que quer o nosso Pai-Deus. Cristo chegou a dizer: "O meu alimento é fazer a vontade de meu Pai". *Para um cristão, identificado com Cristo, o seu alimento, a sua norma de conduta, tem que ser também cumprir a vontade de Deus:* essa vontade que sente na sua consciência, que "lê" nos acontecimentos que o rodeiam, que escuta na palavra que a Igreja lhe dirige.

Devemos tratá-lo com confiança. Como somos seres necessitados e frágeis, sentimo-nos inclinados a pedir-lhe o material e o espiritual. Pedimos-lhe o pão de cada dia — que não nos falte o necessário para viver — e que nos livre de todo o mal; pedimos-lhe que não nos deixe cair em tentação: que nos ajude em todas as nossas provas físicas e morais; e pedimos-lhe também que perdoe as nossas ofensas "assim como nós perdoamos aos que nos têm ofendido".

Sabermo-nos filhos de Deus dá uma tonalidade nova ao que são os nossos pecados — "ofensas", dizemos. Não é a mesma coisa maltratar um ser longínquo ou maltratar o nosso Pai. O *mistério do pecado* adquire uma profundidade nova quando conhecemos a sua relação com a Cruz e quando sabemos que os nossos pecados são ofensa a Deus, nosso Pai.

Esta descoberta, por um lado, tira ao pecado o medo da vingança divina, que os seguidores de outras religiões

13. O ESPÍRITO DE CRISTO

podem sentir. Nós, os cristãos, sabemos que Deus, Pai nosso, não se vinga de nós; que não nos persegue nem nos maltrata quando pecamos. Pelo contrário: na parábola do filho pródigo, Cristo deixou-nos um exemplo maravilhoso do que é a misericórdia divina; de como Deus fica à espera do filho que pecou; de como está disposto a perdoá-lo; de como, mal retorna a Ele, o acolhe de novo como filho e o cumula do seu amor.

Deus não se vinga do pecador, mas, do alto da Cruz, espera o seu *arrependimento*. Se penetrou em nós o que é o mistério da Cruz, o mistério do amor de Deus, teremos que sentir-nos muito mais obrigados a reparar. O nosso arrependimento tem que ser muito mais sincero e muito mais profundo do que o de alguém que, ao arrepender-se, só quer evitar o castigo divino. Nós temos que arrepender--nos como filhos que ofenderam o seu Pai.

Deus contenta-se com muito menos; com efeito, na parábola narrada por Cristo, o filho pródigo volta porque na casa de seu pai vivia melhor, não por outros motivos. Isso basta para que Deus perdoe. Sabemos que, na confissão, basta esse arrependimento por medo ao castigo ou pela fealdade do pecado (que se chama atrição) para obtermos o perdão. Mas a quem não pode bastar é a cada um de nós, se sabemos o que é amar. É admirável ver até que ponto Deus respeita a liberdade do homem, até que extremo quer que o nosso amor por Ele seja plenamente livre: amor de filhos, não de servos.

Depois de falarmos da paternidade de Deus, temos de falar também, ainda que brevemente, de outro mistério, que é a *Maternidade de Maria*.

MORAL: a arte de viver

Não estão no mesmo nível, porque Maria não é Deus, mas uma criatura. Mas estão misteriosamente relacionados, porque Cristo é Filho de Deus e também filho de Maria. Enquanto Deus, é Filho verdadeiro de Deus desde toda a eternidade; e enquanto homem, é também filho verdadeiro de Maria, no tempo. Como nós, os cristãos, nos identificamos com Cristo, somos filhos de Deus e também *filhos de Maria*.

A vida cristã teve sempre em Maria um ponto de referência. É uma consequência do instinto da fé. Não há quem não entenda que Cristo ama a sua Mãe e que lhe agrada o carinho que por Ela sentem os cristãos. É a lógica do amor, que não pode deixar de existir em Cristo, verdadeiro Deus e verdadeiro homem.

Além disso, em Maria dá-se uma realização perfeita da missão salvadora de Cristo e por isso Ela serve de *modelo* para todos os cristãos. Foi preservada do pecado e cheia da graça de Deus desde a sua concepção: foi concebida Imaculada. O Espírito Santo esteve nEla desde o princípio e cumulou-a dos seus dons. Ela é a primeira cristã, a primeira que acreditou no mistério de Cristo, a primeira que se colocou ao serviço do seu mistério de Redenção, e a primeira também que passou pela Ressurreição de Cristo, ao ser levada para o céu em corpo e alma.

A vida de Maria encerra um ensinamento muito valioso. Ela que, de todos os seres humanos, foi a mais abençoada por Deus, a que mais fielmente cumpriu a sua vontade, levou, no entanto, uma vida completamente normal. Gastou a sua existência nas pequenas tarefas do lar; não fez nada de extraordinário, além de amar a Deus com todo o coração, com toda a mente, com todas as forças, e de amar todos os homens, com o amor de Deus. Por isso, serve de modelo para todos os cristãos e para todas as circunstâncias da vida. A mensagem de Maria é que a realização do Reino de Deus, da missão salvadora de Cristo, não precisa de grandes ocasiões; cumpre-se em todas as tarefas humanas, se se fazem com amor de Deus.

Maria teve um papel importante nos primeiros momentos da Igreja, porque os primeiros cristãos se congregaram à sua volta, antes do dia de Pentecostes, quando ainda temiam anunciar a mensagem de Cristo. E ocupou sempre um lugar importante na história da Igreja. Maria, em cujo seio se formou o corpo físico de Cristo, cumpre também um papel de Mãe com relação ao Corpo de Cristo, que é a Igreja. Por isso, o Papa Paulo VI, durante o Concílio Vaticano II, quis declará-la solenemente *Mãe da Igreja*.

A piedade cristã não se enganou quando sentiu sempre próxima a presença de Maria e quando recorreu a Ela para aprender a ser fiel a Cristo. Ao amar Maria, cada cristão reproduz em si esse traço da figura de Cristo.

Os traços de Cristo

No capítulo 5 do Evangelho de São Mateus há um esplêndido discurso do Senhor, que se costuma chamar o Sermão da Montanha. Nele, Cristo expõe extensamente como têm que viver os seus discípulos, os que queiram imitá-lo e segui-lo. O discurso começa com uns esplêndidos louvores do Senhor, que se chamam as *Bem-aventuranças*.

MORAL: a arte de viver

Bem-aventurança significa felicidade. O Senhor promete a felicidade nesta vida e na outra àqueles que vivam como filhos de Deus. E aponta alguns traços que devem ter. Esses traços refletem o *modo de ser de Cristo* e repetem-se em cada cristão: podem-se encontrar os mesmos traços na vida de Nossa Senhora e na vida de todos os santos, de todos os homens que quiseram viver perto de Deus e seguir as pegadas de Cristo. É nesses traços que aparece desenhado o retrato espiritual do homem cristão, do filho de Deus.

O Senhor louva os que têm espírito de pobres e os mansos, os que choram e sentem fome e sede de justiça, os misericordiosos e os limpos de coração, os que trabalham pela paz e os que são perseguidos por amarem a justiça e seguirem Jesus Cristo. Se queremos parecer-nos com Ele, temos que ser assim; o Senhor promete a felicidade aos que procurarem viver assim. E não se refere só à felicidade do fim dos tempos, mas à de agora. Viver como Cristo dá muita felicidade.

Bem-aventurados os pobres em espírito, porque deles é o reino dos céus. Ser *pobre em espírito* significa viver desprendido dos bens da terra, não permitir que o coração se apegue a eles, evitar que a vida se consuma indo em sua busca, usá-los com sobriedade, preferir a simplicidade. É evidente que isto marca um contraste com a tendência natural do homem que é a posse. Estamos inclinados a pensar que, quanto mais tenhamos, melhor. Mas, como vimos, possuir cria vínculos recíprocos: as coisas dependem de nós e nós acabamos dependendo das coisas. Paradoxalmente, o possuir dá liberdade por um lado — podemos fazer mais coisas —, mas por outro tira-a, porque nos

13. O ESPÍRITO DE CRISTO

faz viver pendentes do que possuímos. E pode chegar a escravizar. Para termos o coração livre e amar a Deus sobre todas as coisas e o próximo como a nós mesmos temos que ter espírito de pobres. *"Não podeis servir a Deus e às riquezas"*, adverte o próprio Cristo um pouco mais adiante, no mesmo discurso (Mt 6, 24).

Ter espírito de pobre significa também ser humilde, não considerar-se grande nem acima dos outros, não avassalar, não vangloriar-se, não desprezar, não ser vingativo. É ter um coração simples, como uma criança, diante de Deus e dos homens.

Bem-aventurados os mansos, porque herdarão a terra. A palavra *manso* não encontrou uma tradução feliz na nossa língua. Expressa a doçura própria dos homens de Deus, e neste sentido parece-se bastante com a humildade própria dos que têm espírito de pobreza. São Boaventura via-a refletida, por exemplo, no caráter amável, acolhedor e carinhoso de São Francisco de Assis. É um traço próprio de todos os santos, e é por excelência o traço que se vê na conduta do Senhor, sempre acessível a todos: ama as crianças, acolhe os pecadores e perdoa os que lhe querem mal.

Bem-aventurados os que choram, porque serão consolados; mas os que choram sem raiva, mansamente, os que aceitam os sofrimentos da vida unidos, consciente ou inconscientemente, ao sofrimento de Cristo na Cruz. Esses contribuem com a sua dor para purificar o seu coração e as suas obras, para purificar o mundo, unidos a Cristo. Encontrarão o consolo de Deus.

Bem-aventurados os que têm fome e sede de justiça, porque serão saciados. O Senhor convida-nos a sentir fome e sede de justiça, a ser retos, a desejar que todas as coisas sejam

MORAL: a arte de viver

como devem ser. Modernamente, o conceito de justiça ficou restringido. Quando se fala de justiça, pensa-se sobretudo nas relações econômicas e também no castigo dos malfeitores. Mas o conceito de justiça da Bíblia é muito mais rico. Justiça é quase o mesmo que santidade. Justo é o homem reto, que está apaixonado por Deus e que tem como norte da sua vida cumprir a vontade divina. O justo sofre quando vê que não se respeita a lei de Deus, que se maltrata o próximo por palavras ou atos, que há desordem no amor aos bens da terra, que se corrompe a santidade da vida sexual, que predominam na sociedade os interesses particulares e os egoísmos, que se maltrata o bem comum, que se oprime os fracos, que os inocentes sofrem.

E, com muita frequência, o justo é perseguido por causa da justiça. Porque se torna incômodo para os injustos, a quem lança em rosto, mesmo que não o pretenda, o mal que fazem: não entra em barganhas, não é cúmplice da injustiça; não colabora no jogo sujo e não coonesta com o seu silêncio o mau comportamento dos outros; sente-se obrigado a protestar nobremente contra os abusos e a dizer o que está errado. Os que querem comportar-se mal encontram nele um obstáculo incômodo. Por isso, perseguem-no.

Já falamos atrás do sofrimento do justo, já vimos que é uma lei inevitável deste mundo; que é o motivo pelo qual Cristo padeceu e padece; por isso, identifica com Ele. Na perseguição do justo, descobre-se o pecado do mundo e também o seu remédio. O justo é o sinal de contradição que faz com que se descubram os corações: alguns porque se enfurecem contra ele e se perdem; outros porque se sentem abalados e se arrependem.

13. O ESPÍRITO DE CRISTO

Por isso são *bem-aventurados os que forem perseguidos por causa da justiça, porque deles é o reino dos céus. Bem-aventurados sereis quando vos injuriarem, vos perseguirem e vos caluniarem por minha causa: estai contentes e alegrai-vos, porque grande será a vossa recompensa no céu.*

E ainda outras três bem-aventuranças: *bem-aventurados os misericordiosos, porque alcançarão misericórdia; bem-aventurados os que procuram a paz, porque serão chamados filhos de Deus,* e *bem-aventurados os limpos de coração, porque verão a Deus.*

Os *limpos de coração* são os homens retos, que tornaram o seu coração inocente como o de uma criança. Essa limpeza de coração opõe-se à turbulência das paixões, às concessões aos baixos desejos, às desordens da avareza, do comer, do beber e, especialmente, ao desregramento na sexualidade, quando, para dar satisfação ao instinto, se atenta contra a ordem natural da função sexual. Todas estas coisas turvam os olhos da alma e destroem o relacionamento com Deus; chega-se a olhar para Deus com maus olhos. A limpeza do coração, pelo contrário, favorece extraordinariamente o relacionamento com Deus.

Como têm *paz* por dentro, os homens de Deus comunicam paz. Onde quer que estejam, trabalham pela paz e sabem levar os homens às fontes desse dom divino: aproximam-nos de Deus e aproximam-nos entre si. É o pecado que divide o homem por dentro, que o separa de Deus e faz com que os homens não se entendam. A paz é um dom divino: chega quando se está disposto a retificar, quando surge o arrependimento, quando se abandona o pecado; quando se largam as atitudes de soberba, quando

MORAL: a arte de viver

se modera a avareza, quando se superam os rancores. A força para vencer o pecado procede sempre da graça de Deus, que repara o interior do homem. A amizade com Deus é o fundamento da paz.

Os *misericordiosos* são os que têm o coração sensível para os sofrimentos do próximo, os que os sentem como próprios, os que se compadecem e sofrem com os outros, os que têm o coração grande. Na grandeza desse coração, em que cabem todas as misérias dos homens, reflete-se o coração de Deus. O amor de Deus é um amor misericordioso, como vimos na parábola do filho pródigo. O cristão que é misericordioso, que sabe compadecer-se e que perdoa, tem esse traço divino. Os rancores estão fora de lugar na alma de um cristão.

É evidente que, nas Bem-aventuranças, o Senhor quer estabelecer um *contraste*. Proclama abençoado um modo de ser que, encarado com olhos demasiado humanos, mais pareceria uma desgraça. É que, efetivamente, embora a moral cristã se entronque com a moral natural e a leve à sua plenitude, apresenta um contraste com o que poderia ser um modo espontâneo de viver.

Se entendermos que a conduta humana assenta na espontaneidade dos instintos primários, então teremos uma moral que reflete o mundo animal: dominada pelo instinto de sobrevivência e pelo da reprodução. Nessa moral, os princípios serão a ânsia de domínio — subir, possuir, dominar — e a satisfação mais ampla possível dos outros instintos primários. Carecerão de sentido a pobreza, a misericórdia, a paz, a justiça e a limpeza de coração. Mas a moral natural não é um simples prolongamento da conduta animal, porque há um dado novo,

13. O ESPÍRITO DE CRISTO

que é a inteligência. E a moral cristã também não é um simples prolongamento da moral natural, porque também há um dado novo, que é a vida de Deus.

As Bem-aventuranças indicam quais são os traços de Cristo que aparecem espontaneamente na conduta do cristão. Esses traços são especificamente cristãos e são fruto da transformação que o Espírito Santo realiza na alma. Se se podem manifestar em homens que não são cristãos, é porque também neles atua, de modo misterioso, o Espírito de Deus. *As Bem-aventuranças são o modo de ser de Deus vivido entre os homens:* o modo de ser de Cristo, Deus e homem verdadeiro.

Com o amor de Deus

Dissemos que a moral cristã não é um conjunto de princípios e normas, mas a própria vida de Cristo. No entanto, no momento mais solene da Última Ceia, quando o Senhor deu as últimas instruções aos seus discípulos, falou-lhes de um "novo Mandamento". Conforme nos relata São João no seu Evangelho, Cristo disse aos seus discípulos: *Este é o meu mandamento: que vos ameis uns aos outros como eu vos amei* [...]. *Isto vos mando: que vos ameis uns aos outros* (15, 12.17).

O mandamento de Cristo consiste, portanto, em amar como Ele mesmo amou. Não é outra coisa senão a obrigação de amar. Vimos que os Dez Mandamentos do Decálogo se resumiam também no dever de amar a Deus sobre todas as coisas e amar o próximo como a nós mesmos. Mas nesse Mandamento de Cristo há algo novo. Não pede simplesmente que os homens "amem o próximo como a si mesmos", mas que amem "como

MORAL: a arte de viver

Ele os amou". É preciso amar o próximo e a Deus com o próprio amor de Deus.

Isto, que parece impossível, é possível porque a identificação com Cristo permite participar da sua vida e, portanto, do seu amor. Pela graça de Deus, o cristão pode participar do amor com que o Filho ama o Pai, do mesmo amor com que Deus ama todos os homens. Esse amor divino é chamado por São Paulo *caridade;* na sua Epístola aos Romanos, diz que *a caridade de Deus foi derramada em nossos corações pelo Espírito Santo que nos foi dado* (5, 5).

Como é um *amor divino,* é muito diferente dos amores humanos. Tem outros critérios. O homem tende a amar o que é bom, o que lhe é amável. O amor de Deus, porém, é sempre um amor criador, um amor prévio, um amor que torna bom o que ama. O amor de Deus é o amor que criou o mundo e que faz com que todas as coisas existam. Se o mundo e as coisas do mundo existem, é porque Deus os quer. Propriamente falando, não é que Deus ame as coisas que existem, mas ao contrário: as coisas existem precisamente porque Deus as ama. Por isso dizemos que o amor de Deus é prévio e criador e que torna bom o que ama.

Esse mesmo amor, gratuito e prévio, leva Deus a intervir na história dos homens. E chega até à Cruz. Na Cruz, Cristo demonstra como é o amor de Deus, capaz de sofrer a injustiça, de perdoar os homens e de convertê--los em seus filhos. É um amor disposto a avançar até à loucura da Cruz, disposto a colocar-se ao alcance dos homens, para ser maltratado por uns e aceito por outros, disposto a perdoar do alto da Cruz.

E é esse amor de caridade, criativo e prévio, que Deus quer para os que o seguem. O Senhor queria que esse

13. O ESPÍRITO DE CRISTO

amor fosse o *sinal* que distinguisse os seus discípulos: *Nisso saberão que sois meus discípulos, em que vos amais uns aos outros* (Jo 13, 35). Quando a vida cristã amadurece e chega à sua plenitude, distingue-se precisamente por esse amor. A caridade é a manifestação de que se recebeu o Espírito Santo e a nova vida em Cristo.

É esse amor que dá forças para seguir os passos de Cristo, para fazê-lo presente no mundo, para sofrer e para perdoar. São Paulo, na sua Primeira Epístola aos Coríntios, refere algumas das suas manifestações: *A caridade é paciente, é benigna; não é invejosa, não é presunçosa; não é ambiciosa, não busca o que é seu, não se irrita, não pensa mal...* (13, 4-6).

É um amor que não calcula, mas que está aberto a todos os homens, embora nem sempre pareçam dignos de amor. O Senhor pede aos seus discípulos que amem até os seus inimigos e dá-lhes como modelo, expressamente, o amor de Deus. O Evangelho de São Lucas registra as suas palavras: *Amai os vossos inimigos, fazei bem aos que vos perseguem e caluniam* [...] *e sereis filhos do Altíssimo, pois Ele é bom com os ingratos e perversos. Sede misericordiosos como vosso Pai é misericordioso* (6, 35-36).

A caridade, que leva a entregar-se aos outros sem esperar nenhum benefício, é exatamente o contrário do egoísmo, que procura antes de mais nada o bem próprio. É um amor que não leva em conta medidas humanas. Isto não quer dizer que se tenha que ser ingênuo e deixar-se sempre enganar e calcar. Não se trata de ser ingênuo, mas de ser Cristo; não se trata de pôr os outros em ocasião de nos prejudicarem, mas de procurar o seu bem, embora, às vezes, tenhamos que sofrer.

MORAL: a arte de viver

O amor, também o amor de caridade, tem uma ordem. Pede que se faça o bem àqueles que nos rodeiam, começando pelos que temos mais perto, mas tem que estar aberto a todos. Inclina a pensar nos outros mais do que nas coisas próprias; a desculpar mais do que a pensar mal; a perdoar mais do que a vingar-se; a sofrer com todos, a compreender a todos, a ajudar a todos. Na realidade, as manifestações da caridade não podem ser codificadas, porque são *fruto espontâneo da presença do Espírito Santo na alma*. A moral antiga podia ser codificada no Decálogo, mas a moral de Cristo, embora a respeite, supera todas as normas e, na realidade, não precisa delas: cumpre-as sem percebê-lo e faz muito mais. A nova moral consiste no *impulso da caridade*. Trata-se de seguir os impulsos do Espírito Santo na consciência e de amar sem cálculos a Deus e aos homens.

Por isso, a moral cristã, ainda que assuma os princípios válidos de qualquer ética e de qualquer moral, vai muito mais além. A ética coloca no agir humano a ordem e a medida da razão, mas não pode proporcionar a força interior para vencer o pecado e vivê-la: *a tragédia da ética é que nos ensina o que é bom, mas não nos dá forças para realizá-lo*. A moral de Cristo cura primeiro o homem e dá-lhe um princípio de atuação novo, que é a ação do Espírito Santo na alma.

A caridade é o sinal distintivo da moral cristã. A vida dos santos, dos homens que chegaram a estar muito perto de Deus, distingue-se, precisamente, por esse amor. A história da Igreja está repleta desse amor. É verdade que, a par dessa luz, houve também muita mediocridade. Mas a mediocridade não tem nada de surpreendente, porque a encontramos em todas as realizações humanas.

13. O ESPÍRITO DE CRISTO

O surpreendente, o extraordinário, é que, apesar das fraquezas do homem, se tenha produzido na história um testemunho tão extenso, tão abundante e tão universal do amor de Deus: homens de todas as épocas, de todos os lugares, de todas as raças, animados pela força da graça divina, foram capazes de viver como filhos de Deus, de fazer presente Cristo em suas vidas, e de amar como Ele amou. Isto é um testemunho irrefutável da validade da moral cristã.

Ao começarmos este livro, dizíamos que a vida moral nasce quando se começa a vencer o egoísmo infantil, a tendência instintiva a viver centrado nas necessidades próprias. Agora, ao terminarmos, dizemos que a plenitude da moral é um amor divino que leva a dar-se sem medida. Santo Agostinho, numa célebre passagem da *Cidade de Deus* (XIV, 28), compara duas cidades simbólicas, que, na realidade, representam estes dois modos de viver na terra: "Dois amores fundaram duas cidades: o amor-próprio até o desprezo de Deus, a terrena; o amor humano até o desprezo de si mesmo, a celestial. — Aquela procura a glória dos homens; para esta, ao contrário, a sua máxima aspiração é Deus, testemunha da sua consciência [...]; na primeira, os poderosos e os seus súditos estão dominados pela ânsia de poder; na segunda, todos se servem uns aos outros no amor mútuo".

Esta é a moral cristã: não uma moral de mínimos, mas de máximos; não uma moral de negações, mas de afirmações; não uma moral de limites, mas de plenitude; não uma moral de escravos, mas de filhos. A moral cristã é, na realidade, a vida de Cristo entre os homens e poderia ser definida muito bem como a *arte de viver em Cristo*.

14. NOTA BIBLIOGRÁFICA

Como esta obra foi escrita para os que não são especialistas, para aqueles a quem a moral não interessa como objeto de especulação, mas como ideal de vida, não quis sobrecarregar o texto com referências bibliográficas. No entanto, parece-me conveniente apresentar algumas, tanto para orientar os leitores que se tenham interessado como para mencionar os autores a quem este livro deve muito, senão tudo. Aqui só menciono os títulos que recomendaria a um amigo; boa parte deles nem sequer trata diretamente de moral, mas ajuda a abeirar-se da intimidade do homem.

O primeiro ponto de referência necessário e enormemente rico é o da doutrina da Igreja. Sobre os fundamentos da moral cristã comentados por São João Paulo II, vejam-se as suas Encíclicas *Laborem exercens, Sollicitudo rei socialis* ou *Centesimus annus,* e outros documentos como a sua *Carta aos jovens* (1985). Muitas opiniões interessantes desse Papa podem encontrar-se no livro-entrevista preparado por André Frossard, *Não tenhais medo.* Outro texto de referência básico é a terceira parte do *Catecismo da Igreja Católica.*

Estas páginas devem muito a São Josemaria Escrivá. As suas obras de pensamentos, como *Caminho, Sulco* e *Forja,* contêm um ensinamento vivo, penetrante e positivo sobre a vida moral. E também as suas coletâneas de meditações contêm pontos luminosos sobre os temas

MORAL: a arte de viver

que tratamos aqui; vejam-se por exemplo *O respeito à pessoa e à sua liberdade, O matrimônio, vocação cristã* e *A luta interior,* recolhidas em *É Cristo que passa.*

Alguns autores têm a virtude de expor os conteúdos da moral cristã num estilo particularmente sugestivo e ameno: C.S. Lewis em *A abolição do homem, Os quatro amores* e *O problema da dor;* G.K. Chesterton nos seus *Ortodoxia* e *O homem eterno;* E.F. Schumacher em *Guia para perplexos* e *O pequeno é bonito;* e Ch. Derrick, *A criação delicada.*

Dentre os clássicos, que apresentam uma ética que não chegou a conhecer o cristianismo, é preciso aconselhar a *República,* de Platão, e a *Ética a Nicômaco* e a *Ética a Eudemo,* de Aristóteles; de Sêneca, as *Epístolas morais a Lucílio;* e, de Cícero, *Os deveres.* Do imenso panorama da literatura cristã antiga, não se pode prescindir das *Confissões* de Santo Agostinho, que permitem fazer uma ideia do que significa Deus na vida moral do homem; e da *Suma Teológica* de São Tomás de Aquino, que compendia a sabedoria clássica e a conjuga com as grandes intuições cristãs; vale a pena conhecê-la de primeira mão, embora não seja fácil de ler. Em particular, convém percorrer a parte I-II, em que se fala do agir humano (a vontade, a liberdade, o que são os hábitos e as virtudes); e a II-II, que trata em concreto das virtudes mais importantes, sobretudo a caridade, a prudência, a justiça e as suas partes, a fortaleza e a temperança. Walter Farrell fez uma versão leve que talvez possa ajudar o leitor: *Um guia para a Suma.* Para a I-II, podem servir de introdução alguns capítulos do livro *Elementos de filosofia cristã,* de Étienne Gilson. Para a II-II, pode servir a excelente exposição do filósofo

14. NOTA BIBLIOGRÁFICA

alemão Joseph Pieper, *As virtudes fundamentais*. Outro autor clássico do qual sempre se tira fruto é Pascal, nos seus *Pensamentos*.

Dietrich von Hildebrand, filósofo de tradição fenomenológica, tem, entre muitas outras, *A nossa transformação em Cristo* e *Atitudes éticas fundamentais;* há também uma *Ética*, sugestiva, mas difícil para os não iniciados. De R. Spaemann vale a pena ler *Ética. Questões fundamentais*, uma coleção de pequenos ensaios muito inteligentes, e *Felicidade e benevolência*. De Maritain, por exemplo *O homem e o Estado*, e de Gabriel Marcel, *Ser e ter*. Viktor Frankl, o famoso psiquiatra judeu vienense, tem páginas inesquecíveis em seu breve *Um psicólogo em um campo de concentração;* também existem em português *Sede de sentido* e *Psicoterapia e sentido da vida*.

Do grande ensaísta Romano Guardini há escritos muito interessantes: *A essência do cristianismo; Mundo e Pessoa; Cristianismo e sociedade;* e *Pascal ou a crise da consciência cristã*, um clássico. Frank J. Sheed, o ensaísta, editor e apologeta inglês, tem *Sociedade e sensatez*. P. J. Villadrich, o ensaio *A agonia do casamento legal*. Dostoiévski, um grande literato, tem também algo de teólogo; nos seus principais romances, como *Crime e Castigo* ou *Os irmãos Karamázov*, há excelentes considerações sobre o pecado, a Cruz e a comunhão dos Santos.

Para mencionar alguns moralistas propriamente ditos, limitar-me-ei a três dentre os muitíssimos que se poderiam citar: J. Pinckaers, *Em busca da felicidade* e *As fontes da moral cristã;* Carlo Caffarra, *Viver em Cristo*, obra sugestiva mas difícil; e Ramón García de Raro, *A moral cristã*, *A consciência cristã* e *A vida cristã*. Quanto à Sagrada Escritura, o monumental *Moral do Novo*

MORAL: a arte de viver

Testamento, de C. Spicq. E como manual que oferece uma visão panorâmica de todas as questões clássicas da moral geral, o *Compêndio de teologia moral* de Aubert.

Direção geral
Renata Ferlin Sugai

Direção de aquisição
Hugo Langone

Produção editorial
Sandro Gomes
Juliana Amato
Gabriela Haeitmann
Ronaldo Vasconcelos
Roberto Martins

Capa
Gabriela Haeitmann

Diagramação
Sérgio Ramalho

ESTE LIVRO ACABOU DE SE IMPRIMIR
A 22 DE MAIO DE 2024,
EM PAPEL PÓLEN NATURAL 70 g/m^2.